크리스마스는 왜?

크리스마스는 왜?

A Christmas Cornucopia

———————

마크 포사이스의 특별한 크리스마스 백과사전

마크 포사이스

'어리석고 바보 같고 위대하고 거대한'
크리스마스의 진실

머릿속에 그림을 하나 떠올려보라. 어떤 남자가 죽은 나무 옆에 앉아 있다. 밖은 아니고 실내다. 남자는 왕관을 쓰고 있다. 천장에는 웬 기생식물이 덩그러니 걸려 있다. 성폭행을 승인하는 나뭇가지다(크리스마스에 걸어두는 겨우살이를 말한다. 그 아래서 입맞춤을 하는 의식이 있다_옮긴이). 남자는 10세기 중부 유럽의 살인 희생자에 관한 노래(「선한 왕 벤체슬라우스Good King Wenceslas」라는 제목의 크리스마스캐럴에 나오는 왕을 의미한다. 체코의 성 바츨라프 1세라고도 불리는 보헤미아의 공작으로, 동생에게 살해당한 후 성인으로 추대된다_옮긴이)를 혼자 흥얼거리는 중이다. 16세기 핀란드의 가락을 사용해 만든 노래다. 그 전에 남자는 집에 있는 자식들에게 가택침입에 관해 말해두었다. 밤사이 뚱뚱한 튀르키예 남자 하나가 집에 들어왔었다는 말이다(산타클로스를 가리킨다_옮긴이). 물론 거짓말이다. 하지만 아이들이 행복하기를 바라서 한 말이다. 저 멀리 안데스 고원에서는 페루 남자 둘이 격투 중이다. 장난이 아니다. 진짜 심한 주먹다짐이 벌어진다(페루에는 크리스마스 때 한 해의 묵은 감정과 액운을 날려버리기 위해 주먹다짐을 하는 풍습이 있다_옮긴이).

그런데 이런 것들 중 뭐가 되었든 이상하다고 생각하는 사람은 하나도 없다. 뭐, 사실 주먹다짐을 하는 페루 사람들은 좀 희한하긴 하다. 하지만 이 사람들 이야기는 곧 하겠다. 여기서 요점은 객관적으로 볼 때 크리스마스란 분명 미친 짓거리라는 것이다. 크리스마스는 정신 나간 짓, 머리가 돌아버리지 않고서야 아무도 하지 않을 짓들로 이뤄져 있다. 외부인(합리적이고 똑똑한 외계인이라고 해두자)에게 크리스마스에 벌어지는 일들을 설명하려 들면 그는 아마 심히 황당해할 것이다. 그런 다음 이 행성을 날려버리겠지. 순전히 안전을 위해서 말이다. 뭐, 조금이라도 위험의 소지를 남겨두면 안 된다고 생각할 테니까.

도쿄 백화점에 얽힌 기막힌 이야기가 있다. 일본인들이 크리스마스라는 서양의 명절을 모르던 시절의 이야기다. 이 백화점의 소유주는 서양에서 크리스마스 시즌에 사람들이 흥청망청 쇼핑을 하는 풍습이 있다는 소문을 들었고 그 풍습을 도쿄에도 도입하고 싶었다. 회장은 조사차 직원 몇 사람을 출장 보냈고, 출장 이후 크리스마스이브가 되자 십자가에 못 박힌 거대 산타클로스가 중앙 쇼윈도를 장식했다.

크리스마스에 얽힌 다른 최고의 이야기들과 마찬가지로, 이 이야기 역시 완전히 허구다. 하지만 십자가에 못 박힌 산타 이야기는 사라지지 않고 계속된다. 그 덕에 우리가 웃기 때문이다. 이 이야기에 우리가 웃는 이유는 크리스마스에 어떻게 그렇게 말도 안 되는 일이 벌어질 수 있는지 놀라기 때문이다. 다른 나라의 터무니없는 크리스마스 관행을 두고 웃다가 웃음을 그친 후 우리는 또 언제 그랬느냐는 듯 크리스마스트리 꼭대기에 요정을 붙이고 난롯가에는 양말을 걸어놓는다.

왜? 왜 우리는 이렇게 희한한 짓들을 벌이는 걸까? 도대체 왜, 우리는 해마다 몇 주 동안 정신줄을 풀어서 못에다 곱게 걸어놓은 다음 「세 척의 배를 보았네we saw three ships」(「세 척의 배를 보았네 Saw Three Ships」는 영국인들이 즐겨 부르는 크리스마스캐럴이다. 세 척의 배가 12세기 동방박사의 유해를 쾰른의 성당으로 옮겨온 일을 가리킨다는 설도 있고, 사막의 낙타를 가리킨다는 설도 있다_옮긴이)라는 노래를 흥얼거리며 광기의 바다로 곤두박질치는 것일까? 이 광기 자체도 기이하지만, 더 신기한 점은 우리가 그걸 이상하다고 생각조차 하지 않는다는 것이다. 이런 풍습이 어디서 유래했는지 묻는 사람은 없다.

글쎄, 사실 사람들이 때로 궁금해하긴 한다. 그럴 때 이들이 떠올리는 대답은 대체로 두 가지 정도인데, 그 두 가지 답은 서로 완전히 상충된다.

1번 답. 크리스마스 풍습은 죄다 이교도 전통이다. 상당히 많은 부분이 그렇다는 말이다. 크리스마스에 우리가 벌이는 일들은 모조리 수천 년 전 기독교 이전의 것이라는 주장인데, 그 근거는 대개 다음과 같은 노선을 따른다. '산타클로스에게는 턱수염이 있다. 오딘Odin(북유럽 신화에 등장하는 최고의 신이다_옮긴이)도 턱수염이 있었다. 그러니 산타클로스는 오딘이다.' 이런 논리라면 고대 우루크(고대 메소포타미아 문명 수메르인의 도시다_옮긴이)의 왕이었던 길가메시도 실은 버즈아이 선장Captain Birdseye(유럽에서 인기 있는 냉동식품 브랜드의 마스코트에 등장하는 선장이다_옮긴이)이다. 둘 다 턱수염에 배까지 있으니까.

첫 번째 답이 호소력을 발휘하는 이유는 두 가지다. 첫째, 우리가 저 깜깜한 심연의 시간까지 수천 년을 거슬러 올라가는 전통을 이어오고 있다는 생각은 어딘지 모르게 낭만적인 데가 있다. 둘째, 이런 유래를 알고 있으면 왠지 자신이 아주 박식하고 똑똑하다는 느낌이 든다.

이제 2번 답. 크리스마스 풍습은 모조리 빅토리아 시대에서 유래한 전통이다. 축제 전체는 찰스 디킨스Charles Dickens와 코카콜라 회사의 발명품이고, 이들이 자기네가 개발한 청량음료와 길고 긴 소설을 팔아먹으려 축제를 이용했다는 것이다. 두 번째 답이 그럴듯하게 들리는 이유는 그런 가설을 말하는 사람은 무지하게 냉소적이고 똑똑하다는 인상을 주기 때문이다.

크리스마스 유래에 대한 이 두 가지 가설(모조리 이교도 전통이다! 죄다 빅토리아 시대의 산물이다!)에 모두 속하는 좋은 사례는 겨우살이라는 식물 아래 서서 입맞춤을 하는 풍습이다. 우선, 이 입맞춤 풍습이 이교도 전통에서 왔다는 설명을 살펴보자. 꽤 괜찮은 책 여러 권을 보면 이 입맞춤 전통이 발드르(북유럽 신화에 나오는 빛의 신, 정의의 신. 오딘의 둘째 아들이다_옮긴이)의 죽음까지 거슬러 올라간다는 내용이 나온다. 고대 북유럽의 신 발드르는 겨우살이로 만든 화살에 맞아 죽었다. 발드르의 어머니, 이름도 참 안쓰러운 프리그Frig(frig는 영어로 '성관계'를 뜻하는 속어다_옮긴이)는 비통함에 울부짖었고 어머니의 눈물은 하얀색 겨우살이 열매가 되었다. 아들의 시신을 불이 잘 붙는 긴 배에 실어 화장하면서 프리그 여신은 이 자그마한 풀로 고통받는 사람이 다시는 생기면 안 된다며, 이제부터는 그 풀 아래서 사람을 죽이지 말고 대신 입을 맞춰야 한다고 엄숙히 선언했다.

9

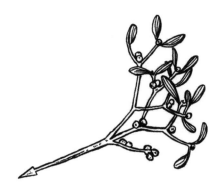

참 다정한 이야기다. 하지만 발드르의 죽음을 다루는 북유럽 신화 관련 설명(네 가지 버전의 이야기가 있다)을 뒤지다 보면, 이 이야기가 사실이 아니라는 것을 알게 된다. 물론 첫 부분은 사실이다. 발드르는 실제로 겨우살이로 만든 화살에 맞아 죽었다. 하지만 그뿐이다. 나머지는 아예 없는 이야기다. 눈물이 겨우살이 열매가 된다는 말은 어디에도 없다. 물론 입맞춤을 언급한 이야기도 전혀 없다. 오히려 프리그는 스칸디나비아 종족다운 일 처리 방식을 택했다. 화살을 만든 작자를 찾아낸 다음 영원히 고문했다는 말이다.

바이킹 문헌에 고문 이야기는 끔찍하게 많아도 키스 이야기는 거의 등장하지 않는다.

다른 한편에는 빅토리아 시대와 관련된 설명이 준비되어 있다. 마찬가지로 믿을 만해 보이는 역사책 몇 권을 뽑아보면, 겨우살이 아래서 입맞춤을 하는 풍습은 워싱턴 어빙Washington Irving이라는 찰스 디킨스의 친구가 1819년에 만든 것이라는 설명이 나온다. 어빙은 미국 작가로, (미국 독자들을 위해)『옛 크리스마스Old Christmas』라는 책을 썼다. 영국의 어느 시골집에 머무는 동안 관찰했던 근사한 옛날 크리스마스 전통에 관해 쓴 에세이집이다. 이 책에서 어빙은 겨우살이 아래서 입맞춤하는 전통에 관해 이야기한다.

『옛 크리스마스』는 베스트셀러가 되었다. 처음엔 미국에서, 그 후에는 이야기의 배경 격인 영국에서까지 어마어마한 인기를 끌었다. 어빙의 책은 크리스마스가 어떤 모습이었는지를 다루는 표준서가 되었고, 바로 그 때문에 크리스마스가 어떤 모습이어야 하는지에 관한 표준서가 되었다. 대서양 양편에 자리 잡은 영국과 미국의 시민들은 워싱턴의 『옛 크리스마스』를 진짜 크리스마스, 오염되지 않은 순수한 전통 그대로의 크리스마스에 대한 매뉴얼로 읽었고, 책에 나오는 풍습을 자기 집에서 그대로 모방했다.

그런데 워싱턴 어빙이 크리스마스 풍습을 대부분 지어냈다고 수상쩍게 생각하는 이들이 일부 있었다. 세상에는 늘 이렇듯 냉소적인 인간들이 있기 마련이고, 이들의 주장은 훗날 작가 자신이 크리스마스 전통을 실제로 대부분 지어낸 것이라고 실토하면서 힘을 받게 된다.

그러나 겨우살이 이야기만큼은 지어낸 것이 아니다. 1784년에 나온 희극 오페라 한 편이 있다. 제목은 「2 대 1Two To One」이다. 이 악극에 나오는 노래 중 한 편의 가사는 다음과 같다.

때는 크리스마스, 홀에는
남자들과 여자들이 신나게 춤을 추고 있더군.
난 이들의 떠들썩한 고함 소리를 우연히 들었어.
그들 사이로 재빨리 끼어들었지.
젬, 존, 조 같은 온갖 남자들이 고함쳐댔어.
'운 좋게 이곳에 왔군. 어떻게 왔는가?'
남자들은 겨우살이 아래서 입맞춤을 하지.
아직 스무 살도 안 된 어린 처녀에게.

When at Christmas in the hall

The men and maids are hopping,

If by chance I hear them bawl,

Amongst them quick I pop in.

What all the men, Jem, John, and Joe,

Cry, 'What good-luck has sent ye?'

And kiss beneath the mistletoe,

The girl not turned of twenty.

겨우살이는 워싱턴 어빙이 지어낸 이야기가 아니었다. 누군가 어느 시점엔가 분명 지어냈을 것이다. 1719년 겨우살이에 관해 책 한 권을 다 할애해서 쓴 좀 희한한 인물이 있었다. 존 콜배치 경Sir John Colbatch이라는 남자다. 하지만 성에 차지 않았던 모양이다. 이듬해 콜배치 경은 책을 한 권 더 썼다. 그가 쓴 책들은 주로 겨우살이로 뇌전증을 치료할 수 있다는 본인의 생각을 담고 있었다. 그러나 콜배치는 겨우살이와 관련된 풍습과 미신 등 겨우살이에 관해 자신이 알고 있는 다른 모든 것을 주제로도 글을 썼다. 그런 콜배치조차도 입맞춤은 언급하지 않았다. 단 한 번도.

결국 겨우살이 아래서 벌이는 입맞춤은 이교도의 풍습도, 그렇다고 빅토리아 시대에 만들어진 이야기도 아닌 셈이다. 겨우살이 입맞춤 전통은 1720년에서 1784년 사이 어느 시점엔가 시작되었고, 왜 그랬는지는 나도 모른다. 아마 앞으로도 전혀 알 수 없을 것이다. 뭐, 좀 약삭빠른 추정을 직접 해보자면, 이 이야기에 기발한 상상을 하는 건강한 남자와 남의 말에 잘 속아 넘어가는 여자가 나온다는 정도는 말할 수도 있겠다.✳

물론 크리스마스 전통 중 일부는 빅토리아 시대에서 유래했고, 또 일부는 이교도 전통에서 왔다. 그럼 이제 페루로 가보자. 산토 토마스Santo Tomás라는 마을이 있다. 해발고도 1만 2,000피트(약 3.66킬로미터)에 있는 고산지대에 위치한 마을이다. 지금이 12월 25일이라고 상상해보자. 마을 주민들은 옷을 근사하게 차려입고 교회에 잠깐 들른 다음, 그 옷차림 그대로 서로에게 주먹질을 해댄다. 장난이 아니라 진짜 권투를 방불케 하는 주먹다짐이 벌어진다. 그저 놀자고 하는 경기

✳ ⋯⋯⋯⋯

"자기야, 키스해줘!"
"안 돼."
"하지만… 해야 돼."
"왜지?"
"음… 음… 있잖아… 자기야, 저기 저 나무 위에 얹혀살고 있는 풀 더미 보여?"
(겨우살이는 큰 나무 위에 기생해서 산다_옮긴이)

나 뭔가 기념하는 춤이 아니다. 말 그대로 치고받는 싸움이다.
보통 2 대 2로 싸운다. 다른 사람들은 치고받는 사람들 주위에
둘러서서 자기 차례를 기다린다. 남자들은 남자들과 싸우고,
여자들은 여자들과 싸운다. 상대를 물어서는 안 된다. 하지만
규칙은 그뿐이다. 물지만 않으면 된다. 군중이 싸우는 사람들
틈에 끼어드는 건 금물이다. 만일 그랬다가는 채찍을 든 남자
에게 매질을 당하게 된다. 페루의 타카나쿠이Takanakuy라는 축
제다. 이 풍습의 의미란 것이 가만 보아하니(추측이다. 난 페루
사람을 한 번도 만나본 적이 없으니 앞으로도 추측 이상의 뭔가를 더
알 수는 없을 것이다) 일종의 '해묵은 원한을 날려버리자' 같은 것

이다. 이웃이 일 년 내내 내게 지분거렸거나 우리 집 라마를 놓고 억울한 소리를 해댔다면 링 안으로 들어가 그자의 이름을 부른 다음 흠씬 두들겨 패면 된다. 분명 엄청난 치유 효과가 있을 것이다. 하지만 아무래도 덩치가 작은 사람들보다는 큰 사람들에게 치유 효과가 크겠지. 덩치가 큰 쪽이 두들겨 패는 쪽일 테니 말이다. 어쨌거나 옷은 근사하게 차려입고 있어야 한다.

타카나쿠이는 어쩌다 우연히 12월 25일에 벌어진 축제의 좋은 사례다. 기독교와 크리스마스가 '네 이웃을 사랑하라'라는 감상적인 선행 메시지를 떠메고 들어왔을 때 산토 토마스 주민들은 이 두 가지, 해묵은 원한을 날려버리는 주먹다짐 풍습과 크리스마스의 이웃 사랑 정신이 서로 잘 어우러지리라 생각했던 모양이다.

풍습에 관해 글을 쓸 때 꼭 기억해야 할 점이 있다. 1년은 365일뿐이라는 것, 그리고 흔한 식물도 그만큼 많다는 것이다. 이렇게 보면 날짜와 특정 식물이 겹치는 것은 대단한 일이 아니다. 매년 4월 2일은 러시아와 벨라루스의 통합을 기념하는 '통합의 날'이다. 그런데 나는 이날만 되면 술을 진탕 마시고 취한다. 나는 러시아인도, 벨라루스인도 아니고 딱히 통일성 있는 인간도 아니다. 4월 2일이 어쩌다 보니 내 생일일 뿐이다. 사실 내 생일은 그랜드 내셔널Grand National(매년 4월 잉글랜드 리버풀 교외의 경마장에서 열리는 장애물 경마. 영국 문화에서 인기 있고 중요한 행사 중 하나다_옮긴이) 기간에 속해 있지만, 나는 말이 아니다.

자, 친애하는 독자 여러분, 앞의 몇 단락이 좀 지루했으리라는 것 다 안다. 기껏 해드린 이야기가 사람들이 왜 겨우살이 아래서 입맞춤을 하는지 잘 모르겠다는 내용뿐이었으니까 그럴 만도 하다. 나머지는 좀 더 나을 것이다. 나머지 부분에서는 뭔가 설명을 제공할 참이니까. 하지만 앞으로 할 이야기들 역시 지금 이야기한 것처럼 일종의 난센스라는 점 또한 말해둬야겠다. 크리스마스의 수많은 풍습에 관해 존재하는 가설들은 뒷받침할 만한 증거라고는 없는 멍청한 것들이 많다. 그래서 이제부터 말할 크리스마스 관련 이야기들은 내 생각에 진실인 것들에 국한된다. 물론 거의 매 단계 옆길로 새어 나가 프리그와 발드르에 관해 주절댈 수 있겠지만 그건 왜 그런 이야기가 사실이 아닌지 설명함으로써 이야기를 마무리하기 위함일 뿐 다른 의도는 없다. 그러면 독자 여러분은 합리적이실 테니 당연히 이렇게 중얼거릴 것이다. '난 왜 사실도 아닌 가설에 대한 이야기를 듣고 있는 거야? 이 작가라는 사람은 도대체 왜 내가 들어본 적조차 없는 신화를 퇴치해야 한다고 생각하는 거지?'

안심하셔도 좋다. 그런 생각을 하는 일은 없을 것이다.

본격적으로 얘기를 시작하기 전에 마지막으로 짚어둘 점이 있다. 앞으로 책에 나오는 내용을 읽다 보면 독자 여러분에게 내가 좀 냉소적으로 보일 소지가 있다. '흥, 헛소리bah-humbuggery'(찰스 디킨스의 유명한 소설 『크리스마스캐럴A Christmas Carol』에 나오는 구두쇠 영감 스크루지가 크리스마스에 관한 모든 일을 두고 "흥, 헛소리" 혹은 "크리스마스는 개뿔"이라고 냉소의 뜻으로 내뱉는 말이다_옮긴이)라며 조롱하는 태도를 보이는 듯 느껴질 수도 있다는 말이다. 하지만 전혀 그렇지 않다. 나는 크리스마스 풍습에 냉소를 보내지 않는다. 우리의 전통 중 많은 것은 실제로 좀 어리석고 바보 같긴 하다. 그중 일부는 그저 우연에 불과하며, 일부는 장삿속으로 인한 계략이다. 하지만 정말 중요한 것은 해당 전통이 무엇이냐는 것이 아니다. 정작 중요한 것은 그런 전통이 존재한다는 사실이다. 크리스마스는 위대하면서도 거대한 진실Truth이다. 크리스마스는 칠면조와 반짝이로 만들어진 진실일망정 영원한 진실이다. 하지만 위대한 진실들, 영원한 진실들을 완벽히 포착하고 이해할 수 있는 사람들은 신비주의자, 신의 완전무결한 정신세계를 꿰뚫어 볼 수 있는 사람들뿐이다. 그리고 이 진실들은 계절이 바뀌어도 절대 변하지 않는다. 이런 진실들은 시공간을 초월한다. 신비주의자들은 영원한 묵상을 통해 이런 진실을 꿰뚫어 볼 수 있을 것이다. 나는 신비주의자가 되는 것은 근사한 일이 틀림없다고 생각한다. 물론 좀 지루할 것 같긴 하다.

신비주의자는 그렇다 치고, 우리 같은 나머지 사람들, 신비주의와는 거리가 먼 사람들에게 필요한 진실은 날짜와 장소, 시간과 공간이 존재하는 진실이다. 그 정도 진실은 우리도 볼 수 있다. 투명인간에게 페인트를 뿌려 형상을 보는 것 같다고나 할까. 우리는 사랑을 결혼식으로, 죽음을 장례식으로 치장한다. 결혼식과 장례식은 사랑과 죽음을 보는 한 가지 방식이

다. 크리스마스 시즌의 진실은 하짓날Midsummer's Day(유럽 여러

나라에서 크리스마스 다음으로 즐기는 축제. 낮의 길이가 제일 긴 하지를 맞이하여 열린

다._옮긴이)의 진실이기도 하다. 그러나 우리는 그 진실 또한 완벽

히, 있는 그대로 볼 수는 없다. 우리에게 진실은 그것만의 고

유한 때가 있어야 한다. 진실은 나름의 내용이 있어야만 한다.

심지어 우리는 진실이 어떻게 그런 진실이 되었는지도 알아야

한다. 우리는 신비주의자나 천사가 아니니까.

　이제부터 나올 내용은 천사나 신비주의자 들의 진실과는 아

무 상관도 없다. 앞으로 펼쳐질 이야기는 무엇이 어떻게 언제

벌어졌는지, 그 일들이 왜 벌어졌는지에 관한 내용들이다. 왜

우리는 크리스마스트리를 사용할까? 왜 우리는 어마어마한 양

의 육류를 먹어대며 크리스마스를 축하할까? 게다가 도대체

왜 이 모든 걸 12월 25일에 하는 걸까?

차례

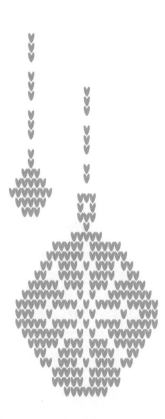

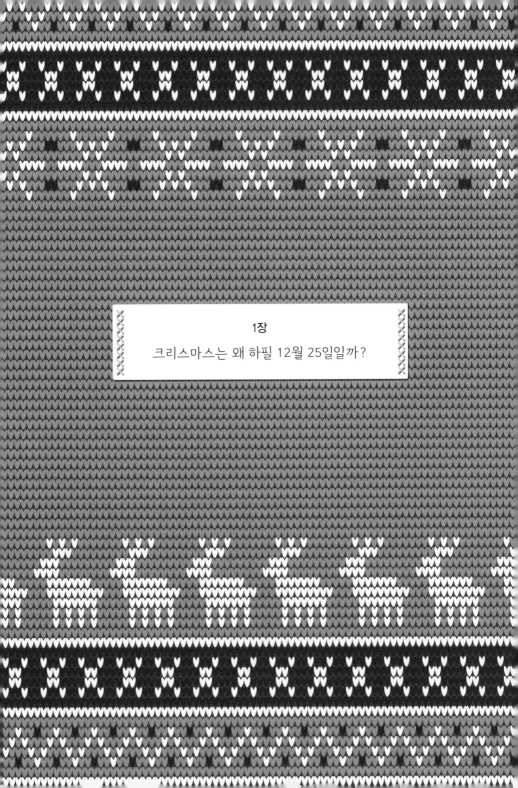

1장

크리스마스는 왜 하필 12월 25일일까?

옛날 옛적에는 크리스마스 같은 게 없었다. 세월이 지나 베들레헴이라는 곳에서 예수가 태어났다. 그 후에도 크리스마스 따윈 없었다. 수백 년 동안.

초기 기독교인들의 달력은 아주 단출했다. 우리 주님이 돌아가시고 부활하신 의미를 곱씹어야 하는 부활절이 있었고, 그 후론 기쁨에 찬 축하 행사가 50일 동안 이어졌다(성령강림절이라고도 하는 오순절을 가리킨다_옮긴이). 기쁨에 찬 행사라고 해봐야 기도를 열심히 하는 것이었지만. 로마인들의 기독교 박해로 사자 밥이 되는 것 이외에 이들에게 할 일이 많지 않았다는 뜻이다.

부활절 시기는 조금씩 바뀐다. 부활절은 (예수가 십자가에 못 박혔던) 유월절Passover(逾越節, 과월절이라고도 한다. 유대인들이 이집트 왕국의 노예 생활로부터 탈출한 사건을 기념한 데서 유래한 날이다. 당시 유대인들은 흠 없는 수컷 양을 잡아 그 피를 문설주에 바름으로써 이집트 전역에서 일어났던 장자 살해의 재앙을 피했고, 그 후 이집트 왕국은 유대인들을 자국에서 내보냈다. 신약에서는 유월절이 예수가 제자들과 최후의 만찬을 하고 십자가형으로 희생 제물이 된 날이기도 하므로 매우 중요한 것으로 간주된다_옮긴이)과 같은 시기에 기념해야 하고, 유월절은 (만월(滿月)과 윤달(閏月)과 관련해 복잡한 이야기가 많은) 춘분 직후에 시작되기 때문이다. 물론 사자 밥이 되는 일이야 일 년 중 언제라도 일어날 수 있었다. 실제로도 그랬다.

기독교인이 사자들에게 던져질 때마다 (아니면 투석형이나 십자가형 등에 처해질 때마다), 나머지 신도들은 그 날짜를 기록했고 해마다 그 죽음을 기렸다. 이날을 '디에스 나탈리스dies natalis'라고 불렀는데, '생일'이라는 의미였다. 순교자는 그날 죽지만 또 그날 천국에서 다시 태어나기도 했기 때문이다. 이런 생일이 점차 쌓이면서 교회력은 다소 슬프고 애절한 달력이 되었다.

그렇지만 크리스마스는 없었다.

중요한 이유 하나를 들자면 이렇다. 마태오복음서, 마르코복음서, 루카복음서, 요한복음서를 가리키는 소위 네 복음서 어디에서도 예수가 태어난 날을 찾아볼 수 없었기 때문이다. 마르코복음서와 요한복음서에는 예수 탄생과 관련된 이야기가 아예 없다. 마태오복음서와 루카복음서에는 탄생에 대한 언급이 있긴 하지만, 날짜에 관해 희미한 단서라도 제공하는 것은 루카복음서뿐이다. 루카복음서에는 양치기들이 그날 밤에 양을 돌보고 있었다는 말이 나오기 때문이다. 양치기들이 밤에도 양을 돌봐야 하는 것은 3월에서 11월까지다. 하지만 그 역시 다소 애매모호하다.

다른 복음서들도 있었다. 성경에 있는 네 복음서는 지금껏 남아 있는 가장 오래된 복음서이지만, 2세기에는 이 밖에도 많은 복음서가 떠돌고 있었다. 예를 들어, (2세기 중반) 야고보원초복음서 Proto-Gospel of James에는 마리아가 베들레헴으로 가는 도중 산통을 겪고 동굴에서 출산했다는 기록이 있다. 요셉은 마리아가 분만하는 중 동굴 밖에서 하릴없이 서성거리다가 예수가 태어나던 순간, 좀 우스꽝스러운 현상을 목격한다.

> … 내가 하늘을 올려다보니, 하늘이 놀란 표정을 짓고 있었다. 하늘의 기둥(북극성을 말한다_옮긴이)을 바라보았더니 움직이지 않고 그 자리에 가만히 있었고, 하늘을 나는 새들 모두 침묵을 지키고 있었다. 땅을 굽어보았더니 여물통이 놓여 있었고, 일하는 사람들은 거기에 기대 있었다. 그들의 손은 여물통에 들어가 있었다. 먹고 있던 사람들은 먹지 않았으며, 일어나고 있던 사람들은 그 모습 그대로 구부정하게 굳어 있었고, 뭔가 말을 꺼내려던 사람들은 미처 말을 내뱉지 못했다. 모든 사람의 얼굴이 위를 올려다보고 있었다. 나는 양이 걷다가 멈추고 가만히 있는 것을 봤다. 양치기는 양을 채찍질하려 팔을 들어 올렸지만, 들어 올린 팔은 공중에서 그대로 굳어 있었다.

다시 말해 예수가 태어나던 시각, 세상이 멈췄다. 예수는 시간 밖에서, 시간을 초월해서 태어났다는 뜻이다. 그렇다면 논리적으로 따져볼 때, 인간의 시간, 인간의 달력에서 기념해야 할 크리스마스

또한 없었다는 말이 된다.

비정경 복음서apocryphal gospels(앞서 언급한 네 권의 '정경' 복음서에 포함되지 않는 복음서. '외경', '숨겨진' 복음서, '비밀' 복음서라고도 한다_옮긴이)들은 아주 재미있는 텍스트여서 1,000년 넘는 세월 동안 대단한 인기를 끌었다. 하지만 16세기 종교개혁으로 상황은 돌변했다. 개신교도들은 이 복음서들을 쓰레기라고 콕 집어 이야기했던 반면, 가톨릭교회는 개신교도들에게 그렇게 쉬운 먹잇감을 내줄 수 없다는 이유에서, 다시 말해 개신교도들에게 빌미를 주지 않기 위해서 이 복음서들을 탄압하기 시작했다. 이 복음서들이 '비정경'이라 불리는 데는 이유가 있다. 현재 모든 교회가 이 복음서들을 무시하고 있기 때문이다. 참 애석한 일이다. '비정경' 복음서에 예수가 집단 따돌림을 제압했다거나 인형에 생명을 불어넣었다는, 예수의 어린 시절에 관한 흥미진진한 이야기가 담겨 있다는 사실을 생각하면 말이다.

예수가 동굴에서 태어나는 장면을 그린 중세 시대 회화 몇 점이 지금도 남아 있다. 구유 위쪽에 서 있는 황소와 나귀, 혹은 당나귀를 타고 있는 마리아가 등장하는 크리스마스카드는 지금도 흔히 볼 수 있다. 그러나 신약성서에는 황소와 당나귀에 대한 언급이 전혀 나오지 않는다. 황소와 나귀는 (7세기경에 쓰인) 허위 마태오복음서Gospel of Pseudo-Matthew(이 가짜 복음서는 문학적인 측면에서 7세기에 유행한 '기적 이야기' 형식을 따르고 있고, 내용도 마리아 숭배 등 7세기 기독교 신앙을 반영하고 있다는 이유에서 7세기에 쓰인 것으로 보는 게 일반적이지만, 그보다 이전에 쓰였다는 이론도 많다. 당시 중동 지방에서 흔한 동물이었던 소와 나귀는 겸손과 단순함을 상징하고, 자기 주인을 섬기는 동물이라는 점에서 메시아를 기다리고 알아보는 상징으로 크리스마스카드에 흔히 등장한다_옮긴이)에 등장한다. 또 마리아가 당나귀를 탔다는 언급도 성경에서는 찾아볼 수 없다. 이 역시 야고보원초복음서에는 등장한다.

요컨대, 신약성서 그 어디에도 예수가 언제 태어났는지 말하는 내용은 없다. 예수의 탄생은 워낙 신비로운mysterious(신비mystery라는 말은 일상적인 감각 체계로는 이해할 수 없다는 뜻으로, 종교적인 의미를 띤다_옮긴이) 사건이라서, 인간의 시간 밖에서 일어난 일이 틀림없다는 관념까지 존재했다. 초기 기독교인들은 생일을 축하하지 않았다. 앞서 말했듯 이들은 죽은 날만 기념했다. 생일 축하란 원래 이교도들이나 하는 짓이므로, 생일 따위를 축일로 정해서 지내는 것은 이교도들이나 할 일이라고 생각했다. 그나마 성경에 유일하게 언급된 생일은 이집트 파라오의 생일이었다. 게다가 파라오는 제빵 시종장의 목을 매달아 자기 생일을 축하한다(구약의 창세기에 나오는 요셉이 파라오의 꿈을 해몽할 때 예언한 내용이다_옮긴이).

✳ 계산자 등장하다

상황이 이런지라, 서기 200년경부터 사람들이 예수의 생일을 궁금해하기 시작했다는 것은 좀 놀랍다. 하지만 신비가 달리 신비겠는가. 예수의 생일이 아무리 궁금해도 알 수는 없었다. 사람들에게 예수의 생일을 알아낼 증거라고는 하나도 없었다. 그나마 있는 것이라고는 루카복음서에 실린 세부 사항 정도였는데, 그조차도 눈치챘던 사람이 거의 없었던 듯하다. 그러나 이들은 증거보다 훨씬 더 중요한 것이 열의라는 걸 알 만큼 현명했다. 게다가 이들은 세 가지 정도 실마리가 될 만한 참고사항을 알고 있었다.

1. 위인은 태어난 날 죽는다는 믿음이 고대 세계에 널리 퍼져 있었다. 위인은 산뜻한 사람들이라 일 처리도 에누리 없이 깔끔한 숫자로 하기를 좋아한다고 생각했던 것이다(태어난 날짜와 죽는 날짜가 정확히 일치해서 어긋남이 없다는 뜻이다_옮긴이).

2. 위대한 사건은 뭔가 기념하는 날에 일어난다는 믿음도 널리 퍼져 있었다. 신(혹은 신들) 역시 산뜻하고 단정한 존재이므로 일을 처리해도 에누리 없이 깔끔한 숫자로 하시기를 좋아한다고 여겼기 때문이다.

3. 고대 세계에 살던 이들은 동물에게 하면 반칙일 만한 일들을 수학에게는 할 태세를 갖추고 있었다(고대인들은 자신의 신앙에 끼워 맞추기 위해서라면 숫자 정도는 얼마든지 조정할 태세가 되어 있었다는 뜻이다_옮긴이).

이러한 참고사항을 염두에 두고 이제부터 계산자Computist를 소개하겠다. 이 계산자가 누구였는지 아는 사람은 아무도 없다. 처음에 사람들은 그를 성 키프리아누스St Cyprianus(로마제국 카르타고의 주교이자 작가. 3세기 기독교에서 가장 중요한 인물 중 하나다_옮긴이)라고 생각했지만, 나중에는 생각을 바꿔 그를 가짜 키프리아누스Pseudo-Cyprian라고 부르기 시

작했다. 그런데 가짜 키프리아누스라는 낱말이 발음하기 까다로웠
던 탓에 사람들은 말을 줄여서 그를 그냥 계산자라고 부르기 시작했
다. 계산자라는 이름은 그가 서기 245년에 쓴 책에서 나온 것이다.
그에 관해 남은 유일한 기록인 이 책의 제목은『부활절 계산에 관하
여On the Computation of Easter』다. 잘은 모르지만 책의 저자는 남성이
아니라 여성일 수도 있다.

　부활절이 언제인지 파악하기란 쉽지 않다. 매년 날짜가 달라지
기 때문이다. 성경에 따르면 예수가 십자가에 못 박힌 것은 유월절
금요일이고, 기독교인들은 이날을 열심히 기념한다. 하지만 이들은
정작 유월절이 정확히 언제인지 몰라 창피함을 무릅쓰고 늘 유대인
들에게 물어야 했다. 결국 계산자는 앉아서 당시까지 기념했던 유월
절 날짜를 몽땅 산출해보기로 했다. 이용할 만한 자료가 많지는 않
았다. 다행히 그는 정신이 완전히 나간 상태였다. 어려운 질문을 해
결하려면 제정신이 아닌 게 늘 도움이 되긴 한다.

　계산자는 창세기 1장 4절에서 출발했다.

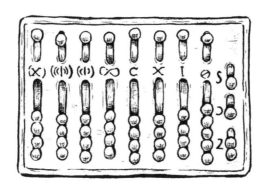

그리고 하느님은 빛과 어둠을 나누었다.

계산자는 선하고 공정한 자라면 사물을 어느 쪽으로도 치우치지 않게 공정히 나누리라 생각했다. 따라서 선하시고 공정하신 하느님은 빛과 어둠의 양을 똑같이 창조하셨음이 틀림없었다. 여기에서 출발하면 세상이 춘분에 창조되었다는 결론을 도출할 수 있었다. 왜 하필 추분이 아닌 춘분이어야 하는지는 설명하지 않았다. 아마 꽃이 예뻐 보였기 때문이었을 수 있다. 어쨌든 요점으로 돌아가자면, 그 옛날 달력에서 춘분은 3월 25일이었다.✻

그런 다음 계산자는 세상에서 일어나는 일은 모조리 에누리 없이 깔끔한 날짜에 일어났다고 정했다. 가령 위인들은 당연히 자신의 생일에 죽는다. 그런 다음 그는 출애굽기 이후부터 모든 유월절 날짜를 계산했지만, 계산이 제대로 맞지 않았다. 하지만 계산자로서는 다행스럽게도 그는 제정신이 아니었다.

계산자는 여기에는 숫자를 더하고 저기에서는 숫자를 빼는 작업을 시작했고, "7주는 49년으로 되어 있다." 따위의 희한하면서도 흥미로운 말을 남겼다. 그는 예수 이름의 철자들을 더한 다음, 뺄 수 (때로는 더할 수) 있다고 판단했다. 이런 식으로 그는 예수가 4월 9일

✻ ⋯⋯⋯⋯⋯⋯

율리우스력과 그레고리력의 차이와 춘분점의 세차운동도 설명해야 하지만 죄다 끔찍할 정도로 복잡해서 설명할 마음이 들지 않는다. 여러분도 그걸 듣다 보면 지겨움에 울음이 터질 지경이 될 것이다. 그저 그 옛날엔 춘분이 그 날짜였구나 하고 받아들여줬으면 한다. 연대 시스템에는 그 외에도 히브리력, 이슬람력, 중국력 등이 있는데, 이 다양한 연대 계산 체계에 대해 더 알고 싶다면, 음, 여러분이 가엾을 뿐이다.

에 십자가에 못 박혔고, 3월 28일에 태어났다는 계산을 내놨다(구체

적으로 말하자면 다음의 과정을 따랐다. 예수 이름의 철자들을 히브리어 알파벳 순서로 나열한

다. 각 글자의 숫자 값을 더한다. 그 결과를 7로 나눈다. 나머지를 예수의 십자가형일 또는 생일

로 계산한다. 예수 이름을 히브리어로 'יֵשׁוּעַ'라고 쓰면, 다음과 같이 계산할 수 있다. 10 - **רשע**

(Esre); 6 - **שש** (Shesh); 5 - **חמש** (Chamesh); 30 - **שלושים** (Shloshim); 6 - **שש** (Shesh); 70 -

שבעים (Shevaim) 따라서 10 + 6 + 5 + 30 + 6 + 70 = 124이고, 124 / 7 = 17 R 3이다. 17은

4월, 3은 9일을 의미하므로, 예수는 4월 9일에 십자가에 못 박혔다고 계산할 수 있다. 계산자는

이 방법을 사용해서 예수의 십자가형일은 4월 9일이며, 탄생일은 3월 28일이라고 계산했다. 물

론 이해가 가지 않는 계산법이다. 대략적인 느낌을 알려드리기 위해 실어둔다_옮긴이).

쓰다 보니 독자 여러분이 내가 아무렇게나 엉터리 이야기를 꾸며
내고 있다고 생각할 수도 있겠다는 생각이 든다. 그러니 계산자가
직접 쓴 글을 약간 인용해보겠다. 글을 읽다가 술 한잔 걸치고 잠이
나 잘 걸 그랬다는 생각이 들지 않는다면, 여러분은 나보다 훌륭한
인간이다.

그래서 그리스도의 비밀을 상징하는 숫자인 100을 434년에서 감
하면, 334가 남는다. 300년은 명백히 십자가의 상징인 **T**를 보여
준다. 그러면 34가 남는다. 여기서 3을 빼야 하는데, 이는 부활의
날이기 때문이다. 그러면 이제 31이 남는다. 하느님께서 주신 마지
막 사역으로 그리스도는 믿는 자들의 죄를 대신해 고난을 받으셔
야 했다. 이제 이 434년을 위에서 얻은 합계에 더하면 출애굽기에

서 그리스도의 탄생까지는 1,548년이 흐른 셈이 된다. 예수의 탄생일을 알기 위해서 출애굽기에서부터 이 1,548년을 세심하게 세어보기로 하자. 다시 말해서 우리는 피낙스(고대 그리스 시대에 나무, 찰흙 또는 청동에다가 글이나 그림을 새긴 판을 말한다_옮긴이)의 첫 번째 줄에서 그분의 탄생일을 알 수 있을 것이다. 그날은 6번째 세데켄니타스 sedecennitas(16년을 의미한다_옮긴이)의 13번째 줄에 있으며, 3월 28일 수요일이다!

오, 우리 주님의 영광스럽고도 신성한 섭리로 바로 그날, 태양이 만들어진 3월 28일 수요일에 그리스도도 태어나신 것이다! 바로 이러한 이유로 예언자 말라기Malachi(세례자 요한이 등장하기까지 구약 시대의 마지막 예언자로 알려진 인물이다_옮긴이)는 사람들에게 그리스도에 관한 아주 적절한 설명을 다음과 같이 제공했다.

너희들 앞에 고결하고 정의로운 태양이 떠오르리니, 그리고 그의 두 날개에 치유가 함께하리니.

저 정도면 멍쾌한가? 끝내준다.

지금쯤 혹시 여러분은 저 계산자가 모든 문제를 완벽히 해결했다고 생각할지도 모르겠다. 하지만 다른 많은 사람은 그렇게 생각하지 않았다. 그들은 이 문제에 계속 매달렸다. 이들은 하나같이 계산자와 비슷한 방식으로 접근했다(정말이다). 그런 다음 모두 춘분을 기준으로 예수가 봄에 태어났다는 결론에 도달했다. 4월 2일이라는 사람도 있고, 4월 19일이라는 사람도 있다. 3월 25일이라는 날짜도 튀어나오는데, 근거로 내놓는 이유들이 아주 미친 것 같지는 않고 그런대로 거의 제정신인 듯 보인다.

여기서 중요한 것은 크리스마스가 늘 3월 25일이거나 그 직후라는 점이다. 그렇다면 3월 25일에 세상에 온 그리스도는 대체 무슨 일이 있었기에 아홉 달이나 더 기다렸다가 태어난 것일까?

이 질문의 답은 당연히 빤히 알고 있어야 한다. 그렇지 않다면 어른에게 물어보라. 뭐, 아니면 정말 교회력에서 3월 25일을 찾아보라. 성수태 고지절이라고 되어 있을 것이다. 마리아가 예수 잉태를 미카엘 천사에게 들은 날이다(예수 잉태 후 아홉 달 만에 예수를 낳은 것이니 그 정도 답은 알고 있어야 한다는 저자의 농담이다_옮긴이).

"엇, 잠깐만요." 여러분이 외치는 소리가 들린다. "그 계산자라는 사람은 3월 25일이 **탄생**일이라고 했지, 수태일이라고 하지는 않았잖아요." 여러분이 옳다. 하지만 계산자는 **신학적으로 틀렸다**. 사실, 그는 이교도였을 수도 있다(사실 가짜 키프리아누스는 성 키프리아누스와는 다른 사람이고, 엉뚱한 논리로 터무니없는 내용을 주장하긴 했지만, 그의 글은 초기 기독교의 중요한 자료로 간주되고, 그의 '광기'도 종교에 대한 열정으로 여겨지면서 기독교에서 인정받는 인물이 되었다_옮긴이).

초기 기독교인들은 여러 복음서 중 무엇이 올바른 복음이고 무엇이 아닌지에 관해서 약간 혼란스러워했다. 이들은 또 딱 그만큼 예수가 어떻게 그리스도가 되었는지에 관해서도 캐려는 의지가 박약했다. 한때 아주 인기 있었던 견해 하나는 예수가 하느님의 **양자**였다는 관념이었다. 말인즉슨 예수는 서른 살 즈음 세례를 받을 때까지는 꽤 선한 사람이긴 했지만 그저 평범한 인간에 지나지 않았다는 것이다. 그러다 하늘에서 하느님의 목소리가 들려온다. "너는 나의 아들이다." 그러니까 "오늘부로, 너는 나의 아들이다"라는 뜻이었다.

이 소위 '입양론'은 실제로 좀 깔끔한 가설이다. 예수가 나병 환자를 고치고 수천 명을 먹이기(소위 오병이어(五餠二魚)의 기적을 말한다_옮긴이) 전에 무엇을 하고 살았는지에 관한 모든 질문이 입양론으로 일소되기 때문이다. 예수의 어린 시절은 어땠을까? 말 안 듣는 개구쟁이는 아니었을까? 학교에 다니면서도 아픈 아이들을 모두 치유해주고 다녔을까? 그렇지 않았다면 왜 그랬을까?

이 모든 질문은 예수가 세례를 받았을 때 그리스도가 되었다고 하면 모조리 싹 사라진다.

두 번째 이론은 예수가 태어나는 순간부터 그리스도였다는 주장이다. 얼핏 보면 멋지다. 사안을 보는 방식이 간단명료하면서도 산뜻하다. 하지만 예수가 태어난 후부터 그리스도였다는 이론을 받아들이면 의문이 남는다. 성령이 무슨 짓을 했는지는 모르지만 어쨌거나 뭔 짓을 했다면 마리아의 잉태 시점부터 예수의 탄생 직전까지 마리아의 자궁에 있던 것은 대체 무엇이었는가 하는 의문이다. 게다가 이 이론은 동정녀 마리아의 지위를 격하시키는 면이 있다. 예수가 태어난 직후부터 메시아 그리스도였다면, 마리아는 메시아에게 젖만 먹였지, 메시아를 잉태한 적은 없다는 말이 되기 때문이다.

그리고 2세기 기독교인들이 확신했던 것 하나가 있다면 그것은 이들이 점점 동정녀 마리아 문제에 열중하게 되었다는 사실이다. 만일 마리아가 그리스도를 자궁에 잉태한 것이 아니라면 그녀는 단순한 조연에 불과해진다. 아마 등장하자마자 퇴장해야 할 수도 있다. 하지만 뱃속에서 커가는 그리스도와 아홉 달을 보냈다면, 마리아는 사람의 몸으로 이 땅에 오신 하느님의 현현(顯現)이라는 신비를 안고 살았던 셈이 된다.

어쨌거나 이 문제는 곧 해결되었다. 313년 콘스탄티누스 대제는 이교도가 기독교인들을 박해해서는 안 된다고 선포했다(콘스탄티누스 대제가 기독교로 개종하면서 박해가 끝났다는 의미다_옮긴이). 뭐, 기독교도들이 서로를 박해하는 것은 괜찮았다(신학 문제를 가지고 이후 기독교도들이 분쟁을 일삼았던 일에 대한 풍자 격의 표현이다_옮긴이). 325년 그는 니케아 공의회를 소집했다. 정확히 뭘 가지고 서로를 박해할지 결정하기 위해서였다(더글러스 애덤스Douglas Adams의 『은하수를 여행하는 히치하이커를 위한 안내서』에 나오는 니케아 공의회에 대한 유머러스한 풍자다_옮긴이). 이 공의회에서 입양론은 잘못된 이론이라는 판정이 내려졌다.

그리고 예수는 3월 25일에 **잉태된** 것으로 판결이 났다. 그에 따라 크리스마스도 춘분에서부터 정확히 9개월 후인 동짓날이 되어야 했다. 12월 25일이 크리스마스가 된 최초의 언급은 354년의 『연대기Chronography』에 등장하며, 이후로 크리스마스는 12월 25일로 굳어져 내려오고 있다. ❄ 아마 『연대기』가 나오기 전 몇십 년 동안에도 크리스마스는 동지 즈음이었을 것이다. 『연대기』는 지금껏 살아남아

❄ ·················

동방정교회는 지금도 율리우스력을 이용하고 있기에, 그들에게 12월 25일은 1월 7일이다.

기록을 전해주는 최초의 책일 뿐이다.

예수가 하루 중 정확히 어느 시각쯤에 태어났는지까지 계산해낼 수 있다. 구약성서를 샅샅이 뒤지면 된다. 자, 이제 구약의 지혜서 18장 14절만 읽으면 간단하다.

부드러운 정적이 만물을 뒤덮고 시간은 흘러 한밤중이 되었을 때 당신의 전능한 말씀이 하늘의 왕좌에서 사나운 전사처럼 멸망의 땅 한가운데로 뛰어내렸습니다.

한밤중이다. 그래서 오늘날에도 크리스마스에는 자정 미사를 본다. 참으로 깔끔하다. 예수는 일 년 중 가장 밤이 긴 날, 한밤중에 태어났다는 뜻이기 때문이다.✳ 가엾은 계산자, 그분조차도 이 정도면 흡족해했을 것이다.

✳ 농신제, 무적의 태양신과 초하루

로마인들은 명절, 축제, 휴일을 즐겼다. 이 행사들을 다 정확히 세기는 힘들지만, 3세기 무렵에는 1년에 대략 200건의 행사가 있었다. 성경을 바탕으로 조금은 자의적으로 계산해서 성스러운 크리

✳ ················

앞서 말했듯이, 지구 축의 세차운동 현상, 율리우스력·그레고리력 등이 엄청 복잡하다는 것을 감안하면 말이다.

스마스를 12월 25일에 집어넣으려 해도, 그 날짜 부근에는 이미 시끌벅적한 축일들이 잔뜩 자리 잡고 있었을 것이다.

크리스마스를 12월 25일로 안착시킬 때 당면했던 커다란 문제는 무적의 태양 축제The Feast of the Unconquered Sun였다. 로마인들은 태양을 솔 인빅투스Sol Invictus(라틴어로 무적의 태양신이라는 뜻이다_옮긴이)라고 부르면서 축제를 지냈는데, 공교롭게도 이 축제 행사가 동지에 맞춰 거행되었다. 일 년 내내 하늘에 떠 있는 정오의 태양은 계속 아래로 내려오다가 12월 25일이 되면 가장 낮은 지점까지 도달한다.✱ 이 시점에서 태양은 더 내려가길 멈추고 올라가기 시작한다. 바로 여기서 우리가 하지·동지 할 때의 지점 'solstice'가 나왔다. sol은 '태양'이고, sistere는 '멈춤'이라는 의미이기 때문이다. 태양 숭배는 당시 로마제국에서 중요한 행사였고, 태양 숭배자들은 12월 25일을 그들의 축일로 이미 못 박아놓고 있었다(아우구스투스(존엄한 자)라고 불렸던 로마제국 황제들의 최고 상징은 태양이었다. 로마인들은 황제에게 바치는 가장 영광스러운 호칭으로 '솔 인빅투스'라는 표현을 썼다_옮긴이).

게다가 농신제(農神祭)Saturnalia라는 축제도 있었다. 농신제는 사실 12월 17일에서 23일까지 이어지는 질펀한 술판이었다. 모든 게 뒤죽박죽 섞이는 혼돈의 시간이기도 했다. 노예 주인들은 노예인 척했고, 노예들은 주인인 척했다. 그걸 이상하게 여기는 사람도

✱⋯⋯⋯⋯

태양의 고도가 동지 때 가장 낮아진다는 말이다. 여러분이 이런 데 정말 관심이 있다면, E. G. 리처즈E. G. Richards가 쓴 『시간의 지도: 달력과 그 역사Mapping Time: The Calendar and Its History』라는 책을 읽어보라. 이 주제에 관한 훌륭한 입문서인 데다, 464페이지밖에 안 된다.

없었다.

마지막으로 1월 초하루도 있었다. 원래 초하루란 그저 한 달의 첫날이라는 의미였다. 달력calendar이라는 낱말도 이 초하루Kalends라는 말에서 유래했다. 그런데 로마인들은 정월 초하루에는 꽤 요란을 떨며 서로에게 선물을 주곤 했다.

크리스마스가 무적의 태양 축제를 대체해서 12월 25일로 정해졌다고 말하는 사람이 제법 있다. 두 축일이 공교롭게도 12월 25일로 겹치기 때문이다. 하지만 이건 가능성이 희박한 이야기다. 800년 정도가 지나기까지 이런 식으로 말하는 사람은 아무도 없었다. 게다가 무적의 태양 축제에 관한 최초의 기록은… 가만 있자… 아, 354년 『연대기』에 나온다. 크리스마스가 12월 25일이라고 처음 언급했던 그 책이다. 크리스마스가 사실은 농신제였다고 말하는 사람도 일부 있다. 하지만 이건 가능성이 더 희박하다. 둘은 날짜가 아예 달랐기 때문이다. 물론 크리스마스가 새롭게 자리 잡으면서 두 축일이 경쟁 관계를 이루었다는 점 정도는 사실일 수 있다.

이 경쟁 관계를 알아차린 기독교인들은 최선을 다해 두 축일이 다르다는 점을 강조하기 시작했다. 성 아우구스티누스St Augustine는 이교도들은 12월 25일에 태양을 숭배하지만, 기독교인들은 태양을 만든 분을 숭배한다며 이교도들을 조롱했다. 성 암브로시우스St Ambrose도 비슷한 맥락에서 "그리스도는 **우리의** 새로운 태양이시니"라고 말했다.

중요한 점은 이 모든 성인과 주교가 크리스마스를 밀어붙여 기념일로 정착시키기 위해 대단한 노력을 기울였다는 것이다. 이들은 몇 십 년 전까지만 해도 아무도 들어본 적 없는, 이 전혀 새로운 축제를 알리려고 무진장 애를 썼다. 반드시 그래야만 했다. 이교도와의 경쟁에서 압도적인 승리를 거둬야 했고, 12월의 크리스마스야말로 입양론을 근절하는 방법이었기 때문이다.

마침내 이들은 승리를 거뒀다. 성공도 보통 성공이 아니어서, 서기 386년이 되자 이미 크리스마스는 '모든 축제의 어머니'라고 불릴 정도로 성장해 있었다. 나치안츠의 성 그레고리우스라는 인물은 벌써 이즈음부터 지금은 오래되어 익숙해진 불평을 늘어놓기 시작한다. 크리스마스가 "과도하게 들뜬 분위기가 되어, 사람들은 한껏 먹고 마시며 춤추고, 문에 화환을 걸어놓고 난리다(크리스마스 화환은 녹색 나뭇가지, 빨간 리본, 종이로 만든 꽃, 과일 등을 이용해서 만든 장식품이다. 크리스마스 분위기를 조성하고, 방문객을 환영하는 의미로 앞문, 창문 등에 걸어둔다_옮긴이)"라며, 영적인 의미가 충만한 본래의 취지를 다시 살려야 한다고 훈계한 것이다. 흥, 개뿔.

사실 이 책의 모든 장마다 지루할 정도로 꽤 되풀이되며 튀어나오는 중요한 요점이 두 가지 있다. 첫째, 성경을 아무리 뒤져도 12월 25일이 크리스마스라는 근거는 찾아볼 수 없다는 것. 둘째, 크리스마스는 늘, 그러니까 내 말은… 적어도 서기 386년부터 시작해서 1,600년이 지난 지금까지도 계속해서 그 참뜻을 잃은 축제로 욕을 먹고 있다는 것.

아, 다른 이야기 하나. 니케아 공의회는 입양론이 옳지 않다는 판정을 내림으로써 예수 그리스도의 탄생일인 크리스마스를 축제로 기념하는 데 원동력을 제공했다. 공의회에 참석했던 각지의 대표 중에는 미라의 니콜라스Nicholas of Myra라는 인물이 있었다. 그가 공의회에 참석했으리라는 것은 거의 확실하다. 그는 공의회의 결정이 일련의 연쇄적 사건들로 이어져, 결국 자기가 사슴이 끄는 썰매를 타고 세상을 날아다니며 각지의 집 안에 있는 나무 옆에 선물을 남기는 풍습의 주인공이 되리라는 것은 짐작조차 못 했다.

2장

크리스마스트리

제대로 된 크리스마스트리라면 속에 뱀 한 마리쯤은 있어야 한다. 뱀이 없다면 진정한 크리스마스트리가 아니다. 독자 여러분은 내가 제정신인가 의아해할 수도 있다. 하지만 친애하는 독자들이여, 죽은 나무를 굳이 집 안으로 들이는 사람은 내가 아니라 여러분이다. 게다가 여러분은 그 이유조차 모른다.

크리스마스트리는 '이건 분명 빅토리아 시대의 전통일 거야.' 혹은 '이건 필시 이교도 풍습일걸.' 하고 사람들이 즐겨 말하는 전형적인 사례 중 하나다. 하지만 둘 다 정말 완전히 틀린 이야기다. 기독교가 등장하기 전 북유럽 이교도들이 나무를 숭배했던 것은 사실이다. 하지만 이들의 숭배는 오크나무oak tree(참나무속에 속하는 나무다_옮긴이)에 국한되어 있었고, 이들은 축제 한 번에 그치지 않고 일 년 내내 오크나무를 숭배했으며, 집 안이 아니라 집 밖에서 숭배했다. 세상에는 나무가 수도 없이 많은데 크리스마스트리가 특별한 이유는, 한 겨울에 온갖 크리스마스용 방울이랑 장식품을 주렁주렁 달고 집 한 가운데 떡하니 자리 잡고 있기 때문이다. 하지만 이 모든 것의 이유에 대한 설명은 깜짝 놀랄 만큼 간단하다. (앞으로도 자주 그렇겠지만) 천지창조로 돌아가기만 하면 끝이다.

위대한 천지창조 이야기의 흥을 깨는 찰스 다윈의 진화론을 잠시 접어두자면, 우리의 조부모, 증조부모, 고조부모, 현조 방향으로 대충 240세대 정도를 거슬러 올라가면 까마득한 선조로 아담과 이브라는 인간들이 있었다. 이들은 무슨 열매와 관련해서 해서는 안 되는 짓을 저질렀다. 아마 발가벗고 있었기 때문이리라. 어쨌든 그 탓에 에덴동산에서 쫓겨났다. 그다음엔 무슨 일이 벌어졌을까?

아담과 이브 다음에 누가 누굴 낳았다는 족보 이야기를 젖혀두면, 두 사람은 성경에서 사라진다. 에덴동산에서 버려진 이후 이들에겐 대체 무슨 일이 일어났을까? 여러분은 그걸 누가 알겠으며, 그런 걸 아무도 모르는 이유는 성경에 아무런 언급이 없기 때문이라고 생각하고 포기해버릴 수도 있겠다. 하지만 중세의 독실한 신자들은 이런 문제로 절대 고민하지 않았다. 당시에는 아담과 이브의 전기가 있어 둘이 낙원에서 쫓겨난 이후 벌인 행적들을 알 수 있었기 때문이다. 물론 이 전기는 완전히 날조된 것이지만 어쨌든 퍽 재미있다. 특히 여러분이 맹렬한 여성혐오론자라면 더더욱 흥미진진해할 것이다.

기본적으로 이브는 낙원에서처럼 계속 말썽을 일으켰다. 아담이 하디라면 이브는 하디의 골치를 썩이는 로럴 같은 존재였다(하디와 로럴은 뚱뚱이와 홀쭉이로 유명했던 미국의 코미디언 콤비로, 하디는 진중한 역할, 로럴은 연약하고 사고를 치는 역할을 주로 맡았다_옮긴이). 에덴동산에서 쫓겨난 후에 아담은 속죄만 하면 낙원으로 다시 돌아갈 수 있으리라는 사실을 알게 되었고 완벽하게 속죄할 자신도 있었다. 함께 강으로 가서 40일 밤낮을 강물 속에 버티고 서 있으면 하느님이 이들의 죄를 용서해주실 것이었다. 그래서 아담은 유프라테스강, 이브는 티그리스강으로 갔다(그 반대일 수도 있다. 이 이야기의 버전은 다양하다). 둘은 기다리고 또 기다렸다. 악마는 이 사태가 너무나 걱정된 나머지 속에서 지옥이 튀어나올 지경이었다. 아니, 지옥에서 악마가 튀어나올 상황이었다고 해야 하나. 아무튼 악마는 둘이 물속에서 버틴 지 39일째 되는 날 천사로 변장한 다음 오랜 벗 이브를 찾아갔다. 도착해보니 이브는 간신히 목만 물 위로 내놓고 있었다. 악마는 하느님이 자신을 보냈으며 속죄는 이미 끝났다고 말했다. 이 말을 들은 이브는 물에서 뛰쳐나와 수건으로 온몸을 박박 닦고는, 아담에게 희소식을 전하러 갔다. 아담은 상황을 딱 알아차렸다. 이제 인간은 끝이었다. 인류는 영원히 원죄를 벗어날 수 없는 처지가 되었다.

이 밖에 다른 이야기도 있다. 카인과 아벨(카인과 아벨은 아담과 이브의 자식이다_옮긴이)의 산파 역할은 누가 맡았는지에 관한 이야기(천사다), 아담이 어떻게 씨앗을 얻어 농사를 짓기 시작했는지에 관한 이야기(천사다), 이브가 어디서 물레를 얻어 옷을 짜고 자신과 가족을 입히게 되었는지에 관한 이야기(역시 천사다)다. 이 이야기들은 본질적으로 아담과 이브가 이 세상에서 어떻게 살아남을 수 있었는지를 두고 중세인들이 상상했던 상식적인 수준의 해답을 제시한다. 그 답은 언제나 천사다.

중세인들은 아담과 이브를 우리보다 훨씬 중요하게 생각했다. 심지어 그들은 아담과 이브를 성인으로 숭상까지 했다. 아담과 이브는 공식적으로 시성을 받은 성인은 아니었지만, 이들의 이름이 붙어 있는 날도 있다. 그날이 언제인지 아는가?

답을 말하기 전에, 아담과 이브가 중세인들에게 중요한 존재였던 또 한 가지 이유부터 설명하겠다. 중세인들은 동정녀 마리아를 사랑했다. 별로 놀랍지 않다. 지금도 많은 사람이 마리아를 사랑하니까. 하지만 동정녀 마리아에 대한 사랑이 워낙 크다 보니, 마리아가 예수 탄생에서는 엄청나게 중요한 역할을 맡은 데 비해 탄생 이후엔 아들을 보는 장면 속에 이따금씩 툭툭 등장하는 것 말고는 완전히 사라지다시피 하는 게 이 중세인들의 마음에 걸렸다.

(앞에서도 이미 보았듯이) 중세인들의 이러한 동정녀 숭배야말로 크리스마스를 축하하는 커다란 이유다. 크리스마스야말로 마리아가 중요한 날, 거의 유일한 날이기 때문이다. 매년 크리스마스마다 마리아는 예수 그리스도라는 새로운 아담을 출산함으로써 골치 아픈 문제를 모조리 해결해주는 것이다.

신학적으로 볼 때, 아담(과 이브)은 인간에게 저주를 가져왔지만, 예수(와 마리아)는 인간을 구원했다는 점이 대단히 중요하다. 성 바오로는 이 문제를 즐겨 언급한다.

죽음이 한 사람을 통하여 왔으므로 부활도 한 사람을 통하여 온 것입니다. 아담 안에서 모든 사람이 죽는 것과 같이 그리스도 안에서 모든 사람이 살아날 것입니다.

(고린도전서 15장 21~22절)

아담은 이브에 의해 타락했고, 그리스도는 12월 25일 마리아를 통해 세상에 태어났다. 전자의 사건이 없었으면, 후자의 사건도 없었다. 그리스도의 탄생은 아담의 타락에 대한 응답인 셈이다. 이제 짐작했겠지만, 그래서 아담과 이브의 이름을 딴 날은 12월 24일이다.

중세 기독교인들이 좋아했던 또 한 가지는 연극이다. 당시 사람들은 대부분 읽고 쓸 줄 몰랐기 때문에 연극은 굉장한 오락거리였다. 하지만 글을 읽을 줄 알았던 사제들 역시 연극에 폭 빠져 있었다. 이들은 특히 성경에 나오는 이야기로 만든 연극이나, 아담과 이브의 전기와 같은 아주 희한한 책들을 바탕으로 만든 연극을 좋아했다. 사제들은 이러한 연극을 교회에서 제작해 상연하고, 더 나아가 직접 배우로 무대에서 연기를 하기도 했다. 좀 도가 지나치다고 생각했는지 1210년에는 교황이 나서서 사제들에게 연기를 삼가라고 금지할 정도였다. 사제가 연극에서 직접 연기를 하면 품위가 없어 보인다는 이유였다.

연극은 새로운 배우를 캐스팅하면 그만이었다. 사제들이 남겨두고 떠난 역할은 대개 길드 조합원들이 맡아 성경 이야기를 공연했다. 길드는 동일 전문직에 종사하는 사람들의 모임이었다. 그들은 금속 세공이나 신사용 장신구 등 자기 직업에 필요한 전문 지식을 가지고 있었다. 그래서 길드를 보통 사람은 잘 이해하지 못하는 전문 지식을 의미하는 '미스터리'라고 부르기도 했고, 그들이 공연하는 연극을 '미스터리 연극mystery plays'이라고 부르기도 했다(저자는 다시 한번 『은하수를 여행하는 히치하이커들을 위한 안내서』의 내용을 따르고 있다. 하지만 우리말로 '신비극'이라 부르는 'mystery play'는 흔히 기적극miracle play이라고 불린다. 주로 기독교의 기적을 다루기 때문이다. 여기서 'mystery'는 'miracle'에서 온 말이라고 보는 게 일반적인 견해다. 앞으로는 그냥 '신비극'으로 옮긴다_옮긴이).

신비극은 유럽 전역에서 유행했다. 지금도 요크York와 웨이크필드Wakefiled에서는 거의 완벽한 형태로 남아 있는 신비극 무대를 볼 수 있다. 하지만 과거에는 그런 무대를 도처에서 볼 수 있었다. 부활절에는 창조에서부터 예수의 십자가형에 이르는 세상의 모든 이야기가 계속해서 무대에 올랐다(40개 정도의 연극이 며칠을 두고 공연되기도 했다_옮긴이). 특정한 성인을 기리는 날에 공연되는 연극도 있었다. 예를 들어 성 니콜라스St Nicholas(5장을 보라)에 관한 연극은 12월 6일이 공연일이었다.

이러한 연극은 대체로 아담과 이브, 인간의 타락으로 인한 에덴동산에서의 추방, 강물에서의 속죄를 다뤘다. 이러한 연극을 콕 집어 '낙원연극Paradise Plays'이라 불렀다. 배우들은 어떤 모습으로 무대에 등장했을까? 글쎄, 불행한 일이지만, 중세 연극에는 무대용 지문 stage directions(연극 대본에 있는 지시 사항으로, 배우의 연기, 무대의 세팅, 소품의 사용 등을 설명한다_옮긴이)이라고는 거의 없었다. 하지만 무대 지문이 남아 있

는 연극이 한 편 있다. 『아담의 연극Le Jeu d'Adam』은 아라스의 낙원
연극Paradise Play of Arras(아라스는 프랑스 북부 도시로 중세 유럽의 문화와 종교의 중심
지였다_옮긴이)에 속한다. 이 연극은 모든 것을 말해준다.

먼저 실망을 안길 수도 있는 소식부터 전하겠다. 아담과 이브는
홀딱 벗지 않았다. 성경은 분명 이들이 사과를 먹기 전까지는 나체
로 지냈다고 주장하는데도 말이다.

아담은 붉은 튜닉(고대 그리스·로마인들이 입던, 소매가 없고 무릎까지 내려오
는 헐렁한 웃옷을 말한다_옮긴이)을 입어야 하고, 이브는 흰색 의상을 차
려입고 흰색 실크 스카프를 둘러야 한다. 이들은 모두 하느님 앞
에 서 있어야 하지만, 아담은 하느님과 더 가까이 서 있어야 하고
침착한 표정을 지어야 하며, 이브는 얼굴이 아래를 향하도록 고개
를 숙여야 한다.

둘은 에덴동산에서 쫓겨난 다음에도 여전히 옷은 입었다. 다만
좀 더 남루한 옷이었다. 나머지 무대 지문으로는 어떤 게 있었을까?
에덴동산을 배경으로 한 연극의 무대 설정에서 가장 중요한 요소는
무엇이었을까? 당연히 나무였다. 사과가 주렁주렁 열린 나무가 필
요했다. 『아담의 연극』의 무대 지시 사항에는 그 나무의 형태와 목적
이 구체적으로 명시되어 있었다.

교활한 본성을 나타내도록 만든 뱀이 금단의 나무를 오른다. 이

브는 뱀의 조언을 귀가 솔깃해서 듣는다. 그런 다음 이브는 사과를 따서 아담에게 내민다.

과일이 주렁주렁 열린 나무는 낙원연극의 핵심 요소다. 그리고 낙원연극은 계속 살아남았다. 프랑스 북부 전역과 독일 북서 지방에서 대단한 인기를 끌었다. 물론 모든 오락과 쾌락을 금지한 종교개혁 이후에는 상황이 바뀌었다. 하지만 이 연극은 오베우페Oberufer라는 한 기이한 지역에서 살아남았다.

오베우페는 헝가리 한가운데를 관통하는 다뉴브강에 있는 작은 섬이다(오베우페라는 이름을 가진 장소가 두 곳 있다. 하나는 폴란드에 있는 오베우페이고, 다른 하나는 헝가리에 있는 오베우페다. 두 지역은 서로 완전히 다른 위치에 있다. 폴란드의 오베우페는 헝가리의 오베우페에서 약 1,000킬로미터 떨어져 있다_옮긴이). 희한하게도 16세기에 독일인들은 이 지역을 식민지로 만들었다. 독일인들이 왜 헝가리 한가운데까지 들어와서 자리를 잡았는지 그 이유를 알고 있는 사람은 없다. 어쨌든 그들은 여기에 정착했고, 아무도 건드리지 않은 기이한 유물 같은 존재로 남았다. 이들은 외부 세계의 사람들과 그다지 교류하지 않았고 외부인들도 마찬가지였다. 그래서 이들은 다른 곳에서는 이미 중단된 낙원연극을 계속 공연할 수 있었다. 19세기 카를 슈뢰어Karl Schröer라는 언어학자가 이들을 발견했을 때도, 이곳 주민들은 낙원연극을 공연하고 있었다.

이 연극과 연극의 무대 지문은 수 세대에 걸쳐 전승되어 내려왔다. 연극은 크리스마스이브에 실내에서 공연되었다. 마을 사람 모두가 구경했고, 무대에는 사과와 리본으로 장식된 나무가 하나 있었다.

하지만 이 연극은 오로지 오베우페에서만 살아남았다. 독일의 낙원연극들은 종교개혁을 거치며 거의 모두 사라졌다. 하지만 나무만큼은 살아남았다. 일부 지역에서 이 나무는 지금도 '낙원나무Paradeisbaum'로 불리고 있다. 물론 사람들은 그 이름의 유래는 까맣게 잊었다. 크리스마스트리는 그저 무대 도구에 불과하기 때문이다.

기록에 남아 있는 최초의 크리스마스트리는 1419년 프라이부르크Freiburg 성령의 병원Hospital of the Holy Spirit에 설치되었던 것으로, 사과, 웨이퍼 과자, 생강과자, 반짝이가 장식되어 있었다고 한다. 그 이후로 크리스마스트리에 대한 언급은 여기저기 흩어진 기록에서 드문드문 찾아볼 수 있지만, 남아 있는 기록은 주로 금지와 관련된 내용이다. 사람들이 다른 사람 소유의 숲에 있는 멀쩡한 나무를 베어 문제가 되었기 때문이다. 그래서 프랑스와 독일의 접경 지역에 있는 스트라스부르Strasbourg에서는 1494년에, 프라이부르크에서는 1554년에 크리스마스트리가 법으로 금지되었다. 1561년 프랑스 알자스 지역에는 크리스마스트리를 한 가족당 '8피트 길이의 소나무 한 그루'로 제한하는 법령이 있었다. 하지만 크리스마스트리용 나무가 모든 곳에서 자라지는 않기에, 독일 서북부와 프랑스 동북부를 제외하고는 크리스마스트리가 그렇게 인기 있는 곳은 많지 않았을 것 같다. 그런데 여기 진기한 예외가 하나 있긴 했다.

영국 최초의 크리스마스트리

영국 최초의 크리스마스트리는 완전한 미스터리다. 이 트리는 악마가 산산이 부숴버렸다고 한다. 최소한 이야기는 그렇다. 실상은 알 수 없다. 어쨌든 이 트리는 1598년에 쓰인 존 스토우John Stow의 『런던의 역사Survey of London』에 느닷없이 등장한다.

1444년 2월 1일 밤, 천둥과 번개와 함께 휘몰아치는 폭풍이 런던을 강타했다. 세인트폴 대성당 첨탑에 불이 붙었지만, 많은 노력 끝에 불은 꺼졌다. 다음 날 성촉절(聖燭節, 2월 2일 성모 마리아의 순결을 기념하는 축제일로, 촛불 행렬이 이어진다고 해서 캔들마스Candlemas Day라고 불린다_옮긴이) 아침, 사람들이 크리스마스를 즐길 수 있도록 콘힐Cornhill의 리든홀Leadenhall 길 한가운데 고정시켜놓은 홀름 나무와 아이비(홀름은 가을에는 붉은색을 띠는 나무이고, 아이비는 겨울에도 녹색 잎이 떨어지지 않는다_옮긴이)로 장식한 멀쩡한 나무가 악령에 의해 뽑혀 쓰

러졌다. 게다가 포장도로의 돌이 거리에 온통 널려 있고 여러 집에
까지 날아든 통에, 사람들은 폭풍이 이 정도였나 하고 소스라치게
놀랐다.

수수께끼 같은 이야기다. 런던에도 낙원연극이 있었던 걸까? 그
럴 수도 있다. 하지만 기록에 남아 있는 것은 하나도 없다. 많은 크
리스마스 행사가 세월이 지나면서 잊혔을 수도 있다. 하지만 여기
언급된 나무가 진짜 크리스마스트리였다면 정말 이상한 일이다. 크
리스마스트리는 몇백 년 동안 독일에서만 찾아볼 수 있는 물건이었
기 때문이다. 독일인이 외국으로 나가면 가장 그리워했던 것이 집
다음으로 집 안에 있는 소나무라는 얘기가 있을 정도였다. 크리스마
스트리에 촛불을 장식했다는 최초의 언급도 1708년 오를레앙 공작
의 독일인 아내가 남긴 것이다. 크리스마스트리를 영국에 도입한 것
도 독일의 가장 유명한 이민자, 다시 말해 독일 왕족이었다. 조지 3
세의 아내는 크리스마스트리를 세웠다. 그녀의 이름은 메클렌부르
크-슈트렐리츠의 샤를로테Charlotte of Mecklenburg-Strelitz였다. 이름
에서도 짐작할 수 있듯 그녀는 독일인이었다. 빅토리아 여왕도 어릴
적 크리스마스트리가 있었다고 한다. 그녀는 독일인과 결혼하여 크
리스마스트리가 더 많아졌다. 1848년 『일러스트레이티드 런던 뉴
스Illustrated London News』에 왕실 사진이 한 장 실렸다. 왕실 가족이
크리스마스트리 주위에 모여 있는 사진이다. 당시 나무는 독일보다
영국에서 훨씬 컸다.

몇 년 후 (당시 영국의 크리스마스를 책임지고 있었다고 할 수 있는) 찰스 디킨스는 크리스마스라는 주제로 쓴 에세이 한 편을 다음과 같은 말로 시작했다(디킨스는 『크리스마스캐럴』이라는 소설도 써서 크리스마스의 의미를 되새기며, 가난한 사람들을 배려하는 마음을 강조했다. 이 외에도 크리스마스를 주제로 많은 작품을 발표하며 크리스마스 전통을 되살리기 위해 노력했다_옮긴이).

오늘 저녁 나는 아름다운 독일 장난감, 즉 크리스마스트리 주변에 옹기종기 모여 즐거워하는 어린이들을 바라보고 있었다. 트리는 큰 원형 테이블 한가운데 어린이들의 머리 위로 높이 솟아 있었다. 수없이 많은 작은 초가 트리에서 밝게 빛나고 있었고, 어디서나 찬란한 장식품들이 반짝반짝 빛나고 있었다. 홍조를 띤 인형들은 초록 나뭇잎 뒤에 숨어 있었고, (무한히 태엽을 감을 수 있고, 분침과 시침을 움직일 수 있게 해놓은) 진짜 시계들이 수많은 가지에 매달려 있었다. 프랑스풍의 세련된 탁자, 의자, 침대, 옷장, 8일 동안 작동하는 시계eight-day clock(태엽을 감으면 8일간 작동하는 시계로, 18세기에 발명되어 디킨스 시대에 인기를 끌었다. 당시 크리스마스트리의 상징적인 물건이기도 했다_옮긴이), (울버햄튼Wolverhampton에서 주석으로 근사하게 만든) 다양한 작은 가구들이 마치 요정이 집을 꾸며놓듯 나뭇가지에 얹혀 있었다. 넓적한 얼굴에 쾌활한 표정을 지은 소인들도 있었는데, 이들은 실물 크기의 사람들보다 훨씬 매력적이었다. 그도 그럴 것이, 이 소인들의 머리를 떼어보면 사탕으로 가득 차 있었기 때문이다. 바이올린과 드럼, 탬버린, 책, 작업 도구 상자, 물감 상자, 사탕 상자, 요지경 상자peep-show box(상자 앞면에 확대경을 달고 그 안에 여러 그림을 넣어 들여다보게 한 장치로, 연극처럼 줄거리가 있는 여러 장면의 그림이나 여러 지역의 풍경화를 설명할 때 그림이 차례로 나타나게 되어 있었다. 영화가 나오기 전에 유행했다_옮긴이), 그 밖에 온갖 종류의 상자란 상자는 다 있었다. 여자아이들을 위한 장신구들은 어른들의 금이나 보석보다 훨씬 반짝거리고 있었다. 온갖 디자인의 바구니와 바늘꽂이도 있었다. 총, 검, 깃발도 있었고, 판지로 서 있게 만든, 운세를 점치는 마녀도 있었다. 티토텀 팽이, 윙윙거리는 팽이, 바늘집, 잉크 지우개, 향수병, 게임용 카드, 꽃병, 인위적으로 금박을 입혀 화려하게 만든 진짜 과일, 사과, 배, 호두 모양이지만 안에 놀라운 것들이 들어 있는 진기한 물건들도 가득했다. 요컨대, 내 앞에 앉아 있던 사랑스러운 아이가 다른 예쁜 친구에게 속삭였던 말처럼 "온갖 게 다 있어. 아주아주 많아."

여러분의 질문에 대비해서 말씀드리자면, 티토텀 팽이란 옆면에 글자가 쓰여 있는 장난감 팽이다. 요지경 상자는 아직 때가 덜 묻었던 순수의 시대, 옆면에 확대경이 붙어 있어 작은 구멍으로 들여다보면 화려한 그림이 움직이는 것처럼 보이도록 장치를 해놓은 상자를 가리킨다. 20세기 들어 돈에 환장한 영악한 인간이 그 안에 음란한 사진을 집어넣자는 생각을 했다. 결국, 누군가는 거기에 여성을 밀어 넣었다. 이런 게 진보란다.

이제 드디어 크리스마스트리는 본격적인 영국 풍습이 되었다. 나무 꼭대기에 매달아놓는 가장 인기 있는 장식도 천사나 별이 아니라, 영국 국기다. 그럼에도 불구하고 오늘날에도 옥스퍼드 사전은 크리스마스트리를 이렇게 정의하고 있다.

크리스마스를 기념하는 독일적 특징으로 잘 알려져 있으며, 영국에서도 흔히 모방은 하고 있으나, 완벽하지는 않다.

하지만 뱀이 없는 크리스마스트리라면 그 나무는 불완전한 모조품에 불과하다. 그런 의미에서 애석하게도 진정한 크리스마스트리는 사라졌다. 최소한 사라지고 있다. 기록에 남아 있는 최후의 온전한 크리스마스트리는 2000년 스윈던Swindon에서 발견되었다. 컬슨 부인이라는 사람이 크리스마스트리용 나무를 사서 얼추 반쯤 세울 무렵, 그 안에 동면하고 있던 살무사가 깨어나 부인을 덥석 물었다. 나중에 보니, 그 밖에도 두 마리가 더 있었다.

기적이라고밖에 볼 수 없는 일이다. 하느님의 징조다. 하지만 이 기적에 주목한 사람은 아무도 없었던 것 같다. 컬슨 부인은 침통하고 엄숙하게 선언했다. "내년엔 플라스틱 트리를 사야겠어요."

자, 이제 크리스마스트리를 세웠으니 강림절Advent 이야기를 할 시간이다.

3장
강림절

기독교에서 크리스마스 전 4주간 예수 그리스도의 탄생과 다시 오심을 기다리는 교회력의 절기. 대림절, 대강절로도 불린다. 교회력은 강림절로부터 시작되므로 한 해의 시작을 알리는 의미도 있다. 강림을 기다린다는 의미의 대림절(待臨節)이라는 표현을 많이 쓰지만 여기서는 영어 단어 advent의 '오다'라는 의미를 살려 강림절로 번역했다_옮긴이

　강림절의 시작은 12월 1일이다. 거의 모든 사람이 그렇게 알고 있다. 하지만 틀렸다. 최소한 7년 중 6년은 그렇지 않다. 강림절은 성 안드레아의 날St Andrew's Day(스코틀랜드의 수호성인인 성 안드레아를 기념하는 날이다_옮긴이)인 11월 30일에서 가장 가까운 일요일에 시작되는데, 그날이 꼭 12월 1일이라는 법은 없기 때문이다. 아니 오히려 12월 1일이 아닐 때가 훨씬 더 많다. 100년 전에는 이 사실을 모르는 사람이 없었지만, 오늘날에는 많은 사람이 잘 모른다. 이유는 독일의 게르하르트 랑Gerhard Lang이라는 인물 때문이다. 뭐, 굳이 따지고 들자면 그의 어머니 탓을 할 수도 있겠다.

　랑의 어머니는 아들 게르하르트를 위해 강림절 달력을 만들어주곤 했다. 딱히 새로운 일도 아니었다. 1850년 이후 독일에서는 집에서 만든 강림절 달력을 흔히 볼 수 있었다. 달력이 등장하기 전 사람들은 촛불을 켜거나 분필로 크리스마스와 그 전 날짜를 표시해두고 표시를 지워나가며 강림절이 되기를 기다렸다. 그런데 랑의 어머니는 대단히 창의적인 사람이었던 것 같다. 아마도 아들이 늘 크리스마스만 손꼽아 기다리던 어린이였기 때문이었을 것이다. 실제로 강림절 달력은 "크리스마스 아직 안 됐어요?" 하고 끊임없이 물어대는 아이의 입을 다물게 하는 중요한 수단이었고, 지금도 그렇다.

게르하르트 랑의 어머니는 자신이 만든 달력에 사탕을 붙여놓았다. 게르하르트는 매일 사탕을 하나씩 떼어 먹었다. 랑은 자라서 출판업자가 되었다. 어른이 된 것도 비극인데 출판업자까지 되었으니 곱절로 비극이었다(어른이 되었으니 어렸을 때처럼 어머니가 주는 사탕을 못 먹는 데다, 출판은 고되고 스트레스가 많은데 과자를 사 먹을 시간도 돈도 충분치 못하니 비극이라고 꼬집은 저자의 농담이다_옮긴이).

1908년 랑은 최초로 이 강림절 달력을 대량으로 인쇄해 세상에 내놨다. 이전까지 이런 달력은 모두 자식을 아끼는 (혹은 자식의 질문 공세에 넌덜머리가 난) 주부들이 만들었다. 랑은 자신의 어머니가 만든 달력을 신문에 냈을 뿐만 아니라, 널리 알려진 것을 계기로 강림절 달력을 처음으로 대량 생산했다. 뭐니 뭐니 해도 대량 생산에서 중요한 것은 표준화다. 강림절이 성 안드레아의 날을 기준으로 가장 가까운 일요일에 시작하도록 달력을 만들었다면, 해마다 새로운 달력을 만들어야 했을 테고, 전해에 남은 재고를 팔지도 못했을 것이다. 그래서 1920년대부터 랑은 그냥 눈 꾹 감고, 강림절의 시작을 12월 1일로 못 박아 달력을 인쇄해버렸다. 그 이후 우리들은 대부분 12월 1일부터 강림절을 지내고 있다.

또 거의 누구나 강림절은 크리스마스가 다가오는 것을 기념하는 기간, 다시 말해 그리스도의 탄생을 고대하는 기간이라고들 알고 있다. 이 또한 틀렸다. 최소한 절반은 틀렸다. '강림'을 의미하는 'advent'는 '온다'라는 의미의 단어이긴 하다. 라틴어로 '온다'는 의미인 'adventus'에서 왔다. '우회한다'는 의미의 'circumvent', '앞선다'는 의미의 'prevent(미리 막다)', '~ 하게 된다, 발견한다'는 의미의 'invent(처음 만들다)', 원래는 '우연'이라는 의미에서 앞에 닥칠 모든 걸 의미하게 된 'adventure(모험)' 등과 같은 '-vent'의 형태를 갖고 있다. 하지만 이 '강림'은 주로 그리스도의 탄생보다는 그리스도의 재림Second Coming이라는 즐거운 사건(저자는 '즐거운fun'이라는 말을 쓴다. 그리스도의 재림은 많은 사람에게 심판과 고난의 시간일 수 있지만, 그리스도를 믿는 사람들에게는 기쁨과 승리의 시간이기도 하기 때문이다_옮긴이)을 기념하는 절기다. 루카 복음 21장 25~27절에 다음과 같은 구절이 나온다.

해와 달과 별들에는 표징들이 나타나고, 땅에서는 바다와 거센 파도 소리에 자지러진 민족들이 공포에 휩싸일 것이다. 사람들은 세상에 닥쳐오는 것들에 대한 두려운 예감으로 까무러칠 것이다. 하늘의 세력들이 흔들릴 것이기 때문이다. 그때에 '사람의 아들'이 권능과 큰 영광을 떨치며 '구름을 타고 오는 것을' 사람들이 볼 것이다.

위의 구절은 강림절 주일에 예배나 미사에서 읽는 성경 구절이다.❋ 전통적인 사제라면 첫 두 주는 최후의 심판을 준비해야 하므로 세 번째 일요일까지는 크리스마스는 꿈도 꾸지 못한다고 이야기할 것이다.

어쨌든 간에, 사람들은 대부분 강림절이 크리스마스 시즌의 시작이라고들 알고 있다. 이번에도 틀렸다. 교회력에 따르면 크리스마스 기간은 크리스마스이브 해가 질 녘에 시작해서, 동방박사들이 도착한 예수공현축일Epiphany(1월 6일, 크리스마스 후 12일째 되는 날. 그리스도가 하느님의 아들로서 온 세상 사람들 앞에 나타났던 당일, 즉 예수가 제30회 탄생일에 세례를 받고 하느님의 아들로서의 공증을 받은 날을 기념하는 축절. 단, 영국 등 서방교회에서는 이 축제일을 그리스도가 동방의 세 박사에게 나타난 날로서 탄생 후 12일째 되는 날이라 하여 12일제(祭)라고 한다_옮긴이)까지 12일간 계속된다. 최소한 2월 2일까지 계속된다는 주장도 있다. 어떤 사제에게 질문을 던지는지에 따라, 그리고 질문을 받은 사제가 (미사에서 쓰는) 향을 얼마나 좋아하는지에 따라 대답은 달라질 수 있다. 어쨌든 중요한 것은 12월 24일 해가 지기 전까지는 크리스마스 찬송가를 불러서는 안 된다는 점이다. 그 이후는 1월 초까지 불러도 좋다. 이런 주장을 지금까지 하는 사제들도 있다.

어쨌거나 최소한 강림절이 크리스마스 전에 지내는 다소 짧은 기간이라는 사실 정도는 누구나 알고 있다. 하지만 원래는 그렇지 않았다. 과거에 강림절은 사순절Lent(부활절을 앞두고 약 40일간 경건하게 부활을 준비하며 지내는 기독교의 절기. 기독교 신자들은 이때 그리스도의 수난을 생각하며 성경을 읽

❋ ⋯⋯⋯⋯⋯
엄밀히 말하면, 성경 구절은 3년마다 바뀌는데, 루카복음 21장, 마태오복음 24장, 마르코복음 13장을 돌아가면서 읽는다. 약간씩 달라도 모든 구절은 대단히 종말론적인 성격을 띠고 있다.

고 참회와 금식을 병행하기도 한다_옮긴이)과 같았다. 1월 6일에 기념하는 예수 공현축일 잔치를 벌이기 전 40일 동안 금식하는 기간이었다.

하지만 그건 그렇고 강림절이 무엇이고 날짜가 언제인지는 우리에게 달려 있다. 그러니 여러분이 알아서 날짜를 정하고, 강림절에 흔히 하는 대로 쇼핑을 하고 카드를 사서 전하면 된다.

✳ 카드

크리스마스카드는 크리스마스 풍습 중에서도 틀림없이 가장 성가시다. 모든 책임은 단 한 사람에게 있다. 헨리 콜Henry Cole 경이라는 인물이다. 콜은 살면서 좋은 일도 좀 했다. 영국에 1페니 우편제도를 도입하여 우표 한 장만으로 영국 내 어디든 편지가 도착할 수 있게 한 공을 세운 것이다. 하지만 4년 후, 그는 존 캘코트 호슬리John Callcott Horsley라는 화가에게 최초의 크리스마스카드 제작을 의뢰함으로써 기껏 세운 공을 망쳐버렸다. 그것도 런던에 사는 부자들을 위해서 말이다. 런던에 사는 한 줌의 부유층을 위해 기껏 세운 공을 망치다니, 자연계의 질서를 거스르는 짓이다. 원래 크리스마스카드는 당시 돈으로 무려 1실링이나 하는 사치품이었다. 육체노동자들이 하루 꼬박 일해야 버는 돈이 1실링이었다. 카드를 흑백으로 인쇄한 다음 일일이 손으로 색을 입혀야 하는 수작업이 필요했기 때문이다. 카드에는 식탁에 둘러앉아 카드를 볼 사람을 행복한 듯 쳐다보고 있는 단란한 가족을 그려놓았다. 카드를 보는 당신이 마치 그곳에 있는 양, 아니면 당신이 그곳에 같이 있기를 바라는 양 쳐다보는 가족들 말이다. 다정한 가부장은 누가 보더라도 헨리 콜을 많이 닮아 있었다. 아이들은 모두 와인을 들이켜고 있다. 이건 좀 근사하다.

콜이 만든 최초의 카드는 1,000장도 채 팔리지 않았다. 하지만 모두에게 불행한 일이 닥치고 있었다. 인쇄 기술이 발전했던 것이다. 얼마 지나지 않아, 중간 계급에 속한 사람이면 누구나 크리스마스카드를 바라게 되었고, 심지어 가난하고 멸시받는 노동자들에게도 받는 게 당연한 물건이 되었다. 1870년대 1/2페니 우편제도가 도입되면서 크리스마스카드는 선풍적인 인기를 끌었다. 이제 카드를 써서 주고받는 그 귀찮고 성가신 일을 면할 수 있는 사람이 아무도 없게 되어버렸다는 이야기다.

크리스마스카드가 지나치게 세속적이 되었다는 불평을 이따금씩 들어보았을 것이다. 십자가에 못 박힌 사람이라는 애초의 '사랑스러운' 이미지는 대체 어디로 왜 사라져버린 걸까? 하지만 사라진 건 분명했다. 빅토리아 시대에 이미 크리스마스카드는 속물스러운 물건이었고 그 수준을 넘어 아예 기괴하기까지 했다. 인기 있는 주제로는 인간의 옷을 잘 차려입은 동물, 갑자기 살아나 움직이는 크리스마스 푸딩, 무시무시한 눈사람, 개구리 등이 있었다. 그것도 한 마리가 아닌 수십 마리의 개구리. 개구리들이 춤추고, 개구리들이 서로를 죽이는 그림이 크리스마스카드의 주제였다. 빅토리아 시대의 크리스마스카드를 보고 있으면 당시 사이코패스 신사들의 더러운 무의식을 들여다보는 것 같은 느낌이 든다. 폭력을 일삼는 개구리, 슬픈 눈을 한 아이들, 실크해트를 쓴 올빼미. 루이스 프랑Louis Prang이라는 사람이 이런 걸 미국에 어렵지 않게 소개할 수 있었다는 사실은 별로 놀랍지 않다(폭력적이고 냉소적인 이미지들이 미국에서 더 인기를 끌 수 있었다는 뜻이다_옮긴이).

하지만 가장 기괴한 것은 벌거벗은 여자들이었다. 이 지경까지 된 데는 아마 밸런타인데이 카드가 연루되어 있는 듯하다. 밸런타인데이 카드는 크리스마스카드보다 훨씬 오래전부터 존재했기 때문에 장사꾼들이 재고로 남은 밸런타인데이 카드를 크리스마스에 팔아치우기 위해 이런 그림을 실은 카드를 유통시켰을 수 있다는 말이다. 하지만 오늘날 이런 그림을 소지하고 있다가는 체포나 감시를 각오해야 할 것이다.

그런데 어떤 사람들에게는 이 크리스마스카드가 충분히 끔찍하지 않았다. 이들은 모자를 쓴 정신 나간 개 그림에 서명한 다음 이걸 자기가 아는 모든 사람에게 보내는 성가신 작업이 충분히 지루하지 않았던 모양이다.

이런 작자들은 라운드 로빈Round Robin(라운드 로빈은 일종의 사발통문으로 원래는 반란 주모자를 숨기기 위해 관계자의 이름을 사발 모양으로 빙 둘러 적은 통문이다. 크리스마스카드에 동봉하는 라운드 로빈은 보내는 이의 일 년 동안의 근황을 담은 글로, 동일한 편지를 수신인만 달리하여 여러 명에게 한꺼번에 보내는 양식의 카드를 뜻한다_옮긴이) 정도는 써야 했다. 여기서 '로빈robin'은 빅토리아 시대 크리스마스카드마다 등장했던 울새와는 아무런 관련이 없다. 울새에 관한 이야기는 6장을 참고하시라.

라운드 로빈은 원래 해군의 전통이었다. 취지는 편지를 보내되 미움을 사지 않는 것이었다(요즘 난리인 '악플' 문화를 생각하면 세월 참 많이 변했다!). 여러분이 선상 반란을 코앞에 둔 선원이라고 생각해보자. 반란이야 얼마든지 일어날 수 있고 그렇게 어려운 일도 아니다. 그렇지 않은가? 선장에게 최후통첩을 보내야 한다. 하지만 제일 먼저 말을 꺼내려 드는 선원은 아무도 없다. 처음으로 입을 열었다가는 쇠사슬에 묶이거나, 밧줄에 묶여 바다에 던져진 채 배 밑바닥 부근을 끌려다니거나, 아예 수장을 당해야 했다. 아니면 한꺼번에 세 가지 형벌을 다 받을 수도 있었다. 쇠사슬에 묶여 배 밑바닥 부근을 끌려다니다 수장을 당하는 것이다. 선장으로서는 반란 주모자를 본보기로 처벌해야 했기 때문이다. 말로 하지 않고, 연판장만 쓰더라도, 가장 **먼저** 서명을 한 사람은 다른 사람들이 서명을 보태게 했다는 이유로 똑같은 형벌을 받을 수 있었다.

결국 최초의 주모자가 형벌을 받는 일을 피하기 위해서 선원들은 사발통문식으로 자기 이름을 큰 원형으로 적어 누가 처음 서명한 사람인지 모르도록 연판장을 만들었다. 이걸 라운드 로빈이라 했다. 이런 연판장을 받은 선장은 누가 가장 먼저 이름을 썼는지 알 재간이 없었으므로, 선원들은 처벌을 면할 수 있었다.

해군 선상 반란의 전통이 어쩌다 크리스마스카드 풍습으로 이전되었는지는 분명치 않지만, 어쨌든 이전되긴 했다. 그런데 이전된 방식은 좀 달랐다. 사실 아예 반대라고 해야겠다. 편지 한 장에 많은 사람이 서명을 하는 형식의 라운드 로빈이 아니라 서명 하나로 많은 편지를 보내는 형식의 라운드 로빈으로 바뀌었다는 말이다. 빅토리아 시대의 집배원들을 가리켜 때로 '로빈'이라고 불렀던 이유가 이런 풍습과 관련이 있는지도 모르겠다. 실제로 아는 사람은 아무도 없다.

어쨌거나 바로 이런 이유로 여러분은 사랑해 마지않는 자기 아이의 오보에 교습이 얼마나 진척되고 있는지, 아이가 학교에서 무슨 상을 받았는지, 아이의 수영 강습은 어떻게 진행되고 있는지 등등에 관해 귀중한 업데이트를 받게 된다. 이런 업데이트는 마치 음울한 세금 청구서처럼 매년 정확한 간격을 두고 들이닥치다가, 마냥 어리고 사랑스러울 줄만 알았던 내 아이가 마리화나를 피우기 시작하면서 느닷없이 뚝 끊긴다.

쇼핑

달콤하고 어리석은 크리스마스 선물,

목욕 소금, 싸구려 향수

그리고 끔찍한 넥타이

의도만큼은 더할 나위 없이 다정한 물건들.

– 존 베처먼John Betjeman, 「크리스마스」

여러분은 분명 크리스마스 쇼핑으로 손해를 보는 쪽일 것이다. 내 말은 크리스마스에 (영원히 만나지 않을never the twain shall meet(러디어드 키플링Rudyard Kipling의 시 「동양과 서양의 노래The Ballad of East and West」에 나오는 표현이다. 동양과 서양의 문화와 가치관이 서로 다르듯이 친구나 지인은 나와 서로 다른 가치관을 갖고 있으므로 선물의 가치에 대한 의견이 다르고, 따라서 서로에게 선물이 만족스럽지 않다는 암시를 담고 있다_옮긴이)) 친구나 지인으로부터 받은 선물의 가격을 합산한 다음 여러분이 쓴 돈의 액수를 빼면, 결국 적자일 것이라는 얘기다. 여러분만 그런 게 아니라 모두들 그렇다. 희한한 일이다. 어떻게 누군가 손해를 보는데 이득을 보는 사람이 하나도 없을까? 아이들 때문이라고 생각할 수도 있다. 고 작은 녀석들은 선물을 받지만, 유행을 탄 아동 노동법 때문에 선물비용을 부담하지 않는다. 이유야 어찌 되었든 여러분은 손해를 보는 쪽이다. 경제학자들이 이름 붙인바 '후생 손실deadweight loss'이라는 현상 때문이다(사중 손실이라고도 번역한다. 사실 후생 손실이란 가격 규제나 세금 등 외부 요인으로 인해 시장에서 소비자와 생산

사 자이에 발생하는 효율 손실을 주로 가리키는 말이고, 여기서 저자의 설명은 개인의 선택으로

인한 '자가 손실self-inflicted loss'에 가깝다_옮긴이).

원리는 간단하다. 예를 들어 여러분이 줄무늬 양말을 간절히 갖고 싶어 한다고 치자. 사실, 여러분은 줄무늬 양말이 너무나 갖고 싶은 나머지 그 멋진 물건을 위해서라면 2만 원 정도 쓰는 것은 아깝지 않다고 생각한다. 하지만 물방울무늬 양말에 그 정도 돈을 낭비할 생각은 없다. 줄무늬 양말은 2만 원의 가치를, 물방울무늬 양말은 만 원 정도의 가치를 갖는다. 이것은 **당신에게** 두 물건이 갖는 가치다. 그러나 당신의 시누이는 이 사실을 모른다.

시누이는 당신이 물방울무늬 양말을 정말 좋아한다고 생각한다. 그래서 2만 원을 내고 물방울무늬 양말을 사서 당신에게 주며 자기가 참 멋진 선물을 했다고 생각한다. 결과적으로 시누이와 당신 사이에 만 원 손해가 생긴 셈이다. 내게 필요한 물건을 내가 사지 않고 다른 사람이 사도록 할 때 생기는 일이다. 문제는 당신도 시누이에게 별다르지 않은 짓을 저지르고 있다는 것이다. 당신 역시 2만 원을 내고 시누이에게 만 원 가치밖에 없는 선물을 사서 안긴다. 이렇게 되면 두 사람 사이에 또 만 원 손실이 생긴다. 이런 걸 후생 손실이라고 한다.

이러한 경제적 비효율성을 극복하는 유일한 방법은 완벽한 정보를 확보하는 것이다. 다른 사람의 취향뿐 아니라 그가 어떤 물건을 사고 싶어 하는지 속속들이 알고 있다면, 일을 그르칠 가능성은 제로다. 하지만 다행인지 불행인지 우리에겐 자고로 선물이란 모조리

'깜짝 선물'이어야 한다는 고색창연한 전통이 있다. 바로 이 전통 때문에 누구나 반드시 손해를 보게 된다. 똑똑한 경제학자들은 열심히 계산을 마친 다음 매년 미국에서 크리스마스 시즌마다 발생하는 후생 손실이 약 40억 달러에 달한다고 발표했다. 이 정도면 그럴듯한 크기의 비행기 한 대를 살 수 있는 값이다.. 아니면 양말을 11억 켤레 정도 살 수 있다.

사정이 이런데도 여러분은 어쨌거나 쇼핑을 안 할 수는 없다. 빠르면 빠를수록 좋다. 1923년 11월 26일 자 영국의 신문 『더 타임스The Times』는 다음과 같이 보도했다.

> 여왕과 메리 공주, 라셀레스 후작 부인은 벌써 상당 분량의 쇼핑을 마쳤다. 이들은 (이미 매년 상당히 구매하는) 장난감을 몇 주 전부터 사기 시작했고, 여왕은 지난주에 상당한 양의 일반물품 구매를 마쳐 런던 시민들에게 훌륭한 본보기가 되었다.

크리스마스 쇼핑을 일찍 마치는 것이 무려 애국적인 의무가 되어버린 이유는 20년대에 이미 런던 중심가가 끔찍한 교통 문제로 속을 썩고 있었기 때문이다. 당시 막 새로 개통된 지하철을 타고 중심가로 몰려나온 사람들은 쇼핑센터의 휘황찬란한 크리스마스 조명을 보며 떡 벌린 입을 다물지 못했다. 소박한 선물을 소박하게 주고받던 소박한 시절은 완전히 사라졌다. 그 옛날 1688년 새뮤얼 피프스Samuel Pepys는 다음과 같은 기록을 남겼다.

콜체스터에 있는 티어니 씨의 친구들은 그에게 크리스마스 선물로 작은 통에 굴을 넣어 보냈는데, 통이 열리지 않는 것이었다.

참 소박하지 않은가. 하지만 여러분이 진정 크리스마스 선물에 돈을 펑펑 쓰고 싶다면, 거기다 시간과 돈과 숙련된 군대까지 있다면 미국 남북전쟁 당시 셔먼 장군Gerneral Sherman이 보인 모범을 따를 만하다. 당시 북군 장군이었던 셔먼은 몇 주 동안 상부와 연락을 끊었고, 그 탓에 총사령관인 링컨 대통령은 초조함을 감추지 못하고 있었다. 그러던 중 링컨은 12월 22일 셔먼으로부터 전보를 한 통 받았다.

대통령 각하께 크리스마스 선물로 조지아주의 서배너Savannah를 드리겠습니다. 150문의 대포와 충분한 양의 탄약, 게다가 목화 2만 5,000꾸러미는 덤입니다(남북전쟁 당시 북군 장군 셔먼이 남부의 주요 도시 서배너를 탈환했다는 승전 소식을 크리스마스 선물에 빗대어 대통령에게 보낸 편지다_옮긴이).

저 정도 양의 목화라면 양말 정도는 어마어마하게 많이 만들 수 있을 것이다. 저 정도 규모의 선물에 대적할 수 있는 유일한 방법이라면 교황 레오 3세의 길을 따르는 것 정도가 있겠다. 레오 3세는 크리스마스 깜짝 선물로 카롤루스 대제를 신성 로마제국의 황제로 임명했다(신성 로마제국의 시작에는 두 가지 중요한 시점이 있는데 그중 첫 번째가 800년에 카롤루스 1세가 교황 레오 3세로부터 (서)로마 황제 대관을 받은 것이다. 800년 12월 25일 레오 3세는 성 베드로 대성전에서 예수 성탄 대축일 미사를 집전하던 중 무릎을 꿇은 카롤루스에게 왕관을 씌워주며 그를 신성 로마제국의 로마 황제로 선언했다. 카롤루스의 전기 작가에 따르면 카롤루스 본인은 사전에 무슨 일이 일어날지 전혀 모르고 있었으며, 만약 알았더라면 황제의 관을 받아들이지 않았을 것이라고 주장한 바 있다. 크리스마스 깜짝 선물이라 함은 이런 정황을 가리킨다_옮긴이). 하지만 이 정도 선물은 군대는 고사하고 평범한 소득 정도만 벌어들이는 보통 사람이라면 꿈도 못 꿀 이야기다. 서양 세계를 선물 목록에서 제외해야 한다면 선물로 무엇이 좋을까? 독자 여러분께 내가 드릴 수 있는 정보라면 아래의 일화 정도가 있겠다. 이 책을 위한 자료 조사를 하다가 영국의 유명 백화점에서 크리스마스 선물을 선별해 꾸리는 부서에서 일했던 여성을 만난 적이 있다. 그녀는 크리스마스 선물로 잘 팔리는 상품이 먹을 수 있는 초콜릿 바디 페인트라고 귀띔해주었다.

하지만 아직 바디 페인트를 바를 때는 아니다. 강림절은 거의 끝났지만, 크리스마스이브가 남아 있다. 이제 교회에 갈 시간이다.

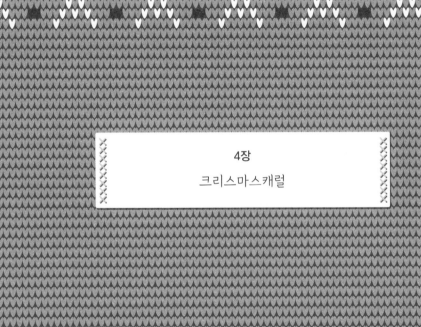

4장

크리스마스캐럴

크리스마스캐럴 예배는 1880년 잉글랜드의 트루로Truro라는 곳에서 에드워드 화이트 벤슨Edward White Benson이라는 인물이 발명했다. 전해오는 이야기에 따르면 크리스마스이브만 되면 트루로 주민 누구나 정신을 못 차릴 정도로 만취하곤 했다. 당시 교구 주교였던 벤슨은 여기에 넌더리가 나서 술집이 아닌 교회로 사람들을 유인할 방법을 궁리했다. 그러려면 무엇보다 새로운 방식의 예배를 고안해내야 했다.

이 이야기의 문제점은 벤슨이 왜 그런 결정을 내렸는지, 그 근거를 찾아볼 수 없다는 점이다. 벤슨에 관해서는 많은 사실이 알려져 있다. 그는 훗날 캔터베리 대주교가 되었고, 그의 가족은 모조리 글쓰기에 강렬한 열의가 있었다. 주교의 아내에겐 39명에 달하는 레즈비언 연인이 있었다. 이런 사실까지 어떻게 아느냐고? 그녀가 꼬박꼬박 일기를 적으며, 연인들의 수를 일일이 세어놓았기 때문

이다. 벤슨의 아들 중 한 명은 그 유명한 게이 소설가 E. F. 벤슨이
다. 저명한 게이 시인 아서 벤슨Arthur Benson 역시 벤슨의 아들이다.
아서는 「희망과 영광의 땅Land of Hope and Glory」이라는 노래(영국의 애
국가라 할 수 있는 곡이다_옮긴이)의 가사를 쓰기도 했다. 그는 또 400만 단
어 분량의 일기를 썼는데, 세상에서 가장 긴 일기로 기록되기도 했
다.✱ 벤슨의 딸 마거릿Margaret은 저명한 레즈비언 이집트학자였다.
또 다른 딸 넬리Nellie는 자신의 어머니의 연인 중 한 명을 빼앗았고,
결핵으로 사망했다.

놀랍게도 벤슨에겐 손주라곤 하나도 없었다.✱✱

어쨌든 1880년에 이 가족, 아니 가족이라기보다 성욕 과잉 문자
중독 무리가 사는 소굴은 갓 생긴 트루로 교구에 있었다. 워낙 교구
가 급조된 형편이다 보니 그럴듯한 성당도 없어, 커다란 헛간을 임
시로 이용해야 했다. 에드워드 화이트 벤슨은 캐럴을 부르는 예배를
개최하기로 했다. 하지만 그 목적은 사람들을 술집에서 끌어내 교회
에 오도록 만들기 위해서가 아니라, 캐럴을 추방하기 위해서였다.

여러분도 알다시피, 크리스마스캐럴이 예배에서 불리기 전, 캐럴
은 교회가 아니라 술집에서 부르는 노래였다. 당시 캐럴은 민요였고
원래 민속춤에서 유래했다('캐럴'이라는 낱말은 '둥그렇게 원을 그리며 추
는 춤'이라는 의미였다). 크리스마스캐럴 중 크리스마스에 어울리지

✱ ⋯⋯⋯⋯⋯⋯
　셰익스피어의 모든 작품을 모아놓은 양보다 네 배는 더 많은 양이다.
✱✱
　영국 국교회 수장의 가족으로는 지극히 정상적이었던 것으로 보인다. 벤슨이 죽은 후 그의 아
　내는 벤슨 전에 캔터베리 대주교의 딸이었던 루시 타이트Lucy Tait라는 여인과 살림을 차렸다.

않게 이상한 노래가 많은 것도 다 이런 이유 때문이다. 세 척의 배가 들어오는 것을 볼 이유가 도대체 어디 있단 말인가?(「세 척의 배를 보았네」라는 크리스마스캐럴을 가리킨다. 우리에겐 별로 유명하지 않지만 전 세계적으로 인기 있는 캐럴이다. 세 척의 배가 동방에서 항해하여 예수에게 선물을 가져온다는 내용으로 해석된다_옮긴이) 아무도 모른다. 이 노래의 어떤 버전을 보면 크리스마스 날 아침에 예수가 등장하기도 하고, 또 어떤 버전에서는 새해 첫날 세 명의 예쁜 소녀가 등장한다. 어쨌든 베들레헴이 육지로 둘러싸인 도시임을 생각하면, 이 노래는 크리스마스캐럴로 그다지 적절한 노래가 아니다. 「호랑가시나무와 담쟁이덩굴The Holly and the Ivy」이라는 노래도 마찬가지다. 종교적인 버전도 있지만, 진짜 호랑가시나무(잎가에 뾰족뾰족한 가시가 돋아 있고 새빨간 열매가 달리는 나무로 흔히 크리스마스 때 장식용으로 쓰인다_옮긴이)와 담쟁이덩굴(역시 크리스마스 장식에 자주 쓰이는 식물이다_옮긴이)에 대한 버전도 있다. 어느 노래가 더 좋은지 우열을 가리지 못할 정도다.

18세기가 되고 19세기가 되면서 민속학자들은 이러한 노래들을 수집하여 다듬기 시작했다. 게다가 새로운 노래들이 계속 만들어지고 있었다. 하지만 새로운 노래들도 그다지 일관성이 없었고, 시간이 지나며 버전들이 계속 변해 다른 버전들이 생겨났다. 예를 들어, 감리교의 공동 창시자 찰스 웨슬리Charles Wesley는 아름다운 캐럴을 한 편 썼는데, 처음에는 이렇게 시작하는 곡이었다.

하늘에 울려 퍼지는 소리를 들으라
왕 중의 왕께 영광을

땅에는 평화와 자비가 가득하네
하느님과 죄인들이 화해하네.

Hark how all the welkin rings

Glory to the King of Kings

Peace on earth and mercy mild

God and sinners reconciled.

20년 동안 이 캐럴은 위의 버전으로 불렸다. 그런데 그 이후 조지 화이트필드George Whitefield라는 목사가 다음과 같은 새 버전의 노래를 발표했다.

들으라, 전령 천사가 노래한다
새롭게 태어난 왕에게 영광을!

Hark, the herald angels sing

Glory to thenew-born King!

웨슬리는 이 노래를 듣고 손톱만큼도 기뻐하지 않았다(아마도 목자들에게 나타난 전령 천사는 예수의 탄생을 **말**로 했지, **노래**로 하지는 않았다고 성경에 분명히 쓰여 있기 때문이었을 것이다). 그는 아래와 같이 대응했다.

많은 신사분께서 제 형제와 제가 만든 찬송가들 중 많은 노래를

(제 이름을 언급조차 않고) 베껴서 발표해주시다니 영광입니다. 다만 베끼실 때는 제가 만들었던 원안 그대로 발표해주시면 좋겠군요. 하지만 그분들이 원안대로 고치는 수고조차 하지 않으셨으면 좋겠다는 생각도 듭니다. 그럴 능력도 없는 분들이니까요.

계속해서 그는 '다른 사람들이 쓴, 의미도 엉망이고 운율도 제대로 맞지 않는 졸작'을 자신이 썼다는 누명은 쓰고 싶지 않다고 말한다. 하지만 안타깝게도 웨슬리는 그런 누명을 쓰고 있다. 어떤 찬송가책을 봐도 「천사 찬송하기를Hark the Herald Angels Sing」이라는 제목의 이 노래는 웨슬리가 노랫말을 썼고, 멘델스존이 작곡했다는 정보와 함께 등장하기 때문이다.

황당하고 억울하기로는 웨슬리보다 멘델스존이 훨씬 더할 수도 있다. 멘델스존은 심지어 이 찬송가를 한 번 들어보지도 못하고 죽었기 때문이다. 그가 작곡한 노래는 그저 구텐베르크에 관한 노래였을 따름이다. 멘델스존은 인쇄기 발명 400주년을 기념하는 곡을 뚝딱 만들어냈다고 한다. 하지만 그 기념일이 지나자, 노랫말을 바꿔야겠다는 생각이 들었다. 인쇄기에 관한 노래가 인기를 끌 리는 없으니까. 그는 어느 편지에서 새 노랫말로는 뭐든 상관없지만 종교에 관한 것만 아니면 좋겠다는 단서를 달았다. 그런 다음 멘델스존은 사망해버렸다. 몇 년 후 누군가 멘델스존의 이 곡조가 「천사 찬송하기를」의 가사와 잘 어울린다는 데 주목했다. 그렇게 이 노래는 우리가 아는 노래가 되어버렸다. 그리고 사람들은 노랫말을 쓴 작사가나

작곡가가 분명히 밝혔던 소망 따위는 무시해버리고, 신나게 이 노래를 캐럴로 부르고 있다.

「선한 왕 벤체슬라우스Good King Wenceslas」라는 캐럴은 희한하기가 한술 더 뜬다. 선한 왕 벤체슬라우스는 실존 인물이다. 다만 왕이 아니었고, 벤체슬라우스라는 이름으로 불리지도 않았다. 그래도 선하기는 했던 모양이다. 그의 진짜 이름은 바츨라프Vaclav였고, 바츨라프는 10세기 보헤미아의 공작이었다. 가련한 바츨라프는 힘겨운 어린 시절을 겪었다. 어릴 적에 아버지가 돌아가셔서, 어머니와 친할머니가 번갈아가며 그를 돌봐야 했다. 두 여성은 사이가 좋지 않았다. 무엇보다 어머니는 이교도였고, 할머니는 기독교인이었기 때문이다. 결국은 바츨라프의 어머니가, 모든 며느리가 까탈스러운 시어머니를 다루는 유서 깊은 방법에 의지하면서 문제는 모조리 해결되었다. 시어머니를 암살해버린 것이다. 정확히는 베일로 목을 졸라 죽였다. 바츨라프는 성인이 되어, 모든 자식이 폭압적인 어머니를 처리하는 유서 깊은 방법을 이용했다. 어머니를 유배 보낸 것이다.

그 이후 바츨라프는 공상적 박애주의자로서 경력을 쌓기 시작했다. 특히 밤이 되면 자기 영지를 빈둥거리며 돌아다니다가, 가난한 사람들에게 이런저런 물건을 주곤 했다. 오래된 그의 전기에는 이렇게 적혀 있다.

바츨라프는 매일 밤 고결한 침상에서 일어나, 시종 한 명만 데리고 맨발로 하느님의 교회 주변을 돌아다니며 과부, 고아, 감옥에 갇힌 죄수, 곤궁에 처한 자들 모두에게 구호품을 넉넉히 주었다. 사람들은 그를 공작이라기보다 어려움에 처한 모든 이들의 아버지로 여길 정도였다.

그가 공작이었다는 점을 감안하면, 죄수에게 물건을 주느니 그저 석방해주면 되지 않았을까 하는 생각이 든다. 한밤중에 누구나 들락날락할 수 있는 감옥이라면 그게 감옥인가 하는 생각도 든다. 게다가 맨발로 돌아다녔다니. 바츨라프가 왜 신발을 싫어했는지 도무지 모르겠다. 이미 죽었으니 알 길도 없다.

바츨라프에겐 남은 가족이 있긴 있었다. 동생이었다. 바로 잔악한 볼레슬라우스Boleslaus the Cruel였다. 그런 이름을 가진 동생이 있다면 주의해야 한다. 이름만 봐도 인간이 어떨지 확실히 알 수 있기 때문이다. 나라면 경호원을 두고 항상 경계를 늦추지 않겠다. 하지만 바츨라프는 그러지 않았고, 볼레슬라우스와 몇몇 친구들은 결국 935년에 형을 암살했다. 선한 왕 벤체슬라우스가 경계를 **게을리 한**

것은 애석하지만 확실한 진실이다.

그런데 그건 그렇고 (여러분이 슬피 우는 소리가 들린다.) 눈 속에서도 주군을 따라다녔다던 충실한 시종은 주군이 암살되던 순간에 대체 어디에 있었을까? 그의 이름은 포데빈Podevin이라고 하는데, 암살 현장에는 없었던 것 같다. 그는 주군에 대한 복수로 암살자 중 하나를 죽임으로써 기독교인다운 박애를 보여줬다. 그 후엔 암살자들에게 쫓기다 숲에서 포위되어 살해되었다.

바츨라프를 추종하는 사람은 포데빈만이 아니었다. 1982년 프라하 인근에서 군인 시체 60구가 묻힌 공동묘지가 발견되었다. 몸에 공격 방어로 다친 상처가 없었던 점으로 미루어보아 이들은 전투에서 사망한 게 아니라 처형당한 것으로 보인다. 머리 개수와 몸통 개수도 일치하지 않고 몸통의 숫자가 좀 더 많았다. 고고학자들은 이 무덤을 볼레슬라우스의 숙청과 관련 있는 것으로 확신한다.

피의 숙청을 마치지 않은 상태에서 잔악한 볼레슬라우스는 아내가 아들을 낳았다는 소식을 듣는다. 그래서 그는 아들 이름을 '무시무시한 잔치'라는 의미의 스트라흐크바스Strachkvas로 지었다. 그러곤 잔인한 짓을 계속했다. 보헤미아 사람들은 바츨라프가 지배하던 시절을 그리워하기 시작했다. 얼마 지나지 않아 바츨라프는 성인으로 시성되었고, 오토 대제에 의해 왕으로 선포되었다.

그리고 500년 후에 어느 핀란드인이 봄에 관한 노래를 한 곡 썼다. 활력 넘치는 노랫말과 통통 튀는 멋진 선율을 지닌 노래였다. 하지만 멜로디가 아무리 훌륭해봤자 핀란드 노래에 주목하는 사람은 많지 않았다. 그런데 또 300년 후에 존 메이슨 닐John Mason Neale이라는 영국인이 이 숨겨진 핀란드 노래와 (영국 사람들에겐) 낯선 보헤미아의 성인을 발견해, 둘을 합쳤다. 굳이 왜 그랬는지는 아무도 모른다. 어쨌든 그는 그렇게 노래를 만들어 1853년 발표했다(바츨라프가 벤체슬라우스가 된 연유는, 10세기경 슬라브어를 라틴어로 옮기는 과정에서 음운변화가 일어나 'v'가 'w'로 바뀌는 등 철자상 변화가 생긴 데다 바츨라프가 성인으로 시성되면서 성인의 이름을 존중하는 의미로 벤체슬라우스라는 이름을 사용하기 시작해서다. 지금도 체코에서는 쓰기는 'Wenceslas'라 쓰고, 읽기는 바츨라프라고 읽는다_옮긴이). 닐은 좀 특이한 구석이 있는 친구였다. 언젠가 교회의 신도석에 놓는 긴 의자의 역사를 쓰기도 했다. 신도석 의자의 역사를 캐는 사람이 얼마나 되겠는가.

어째서인지는 모르겠지만 이런 캐럴들은 사람들의 심금을 울리는 구석이 있다. 캐럴은 죄다 마찬가지다. 「구유 안에Away in a Manger」, 「오 베들레헴 작은 마을O Little Town of Bethlehem」, 「동방박사들We Three Kings」은 모두 미국에서 만들어진 캐럴이지만 웬일인지 이 노래들에는 시간을 초월하는 영국적인 느낌이 있다. 「선한 왕 벤체슬라우스」와 「딩동 즐겁게 높이Ding Dong Merrily on High」, 「징글벨」은 노래 가사 어디에서도 크리스마스가 언급되지 않지만 크리스마스를 떠올린다. 사실 (미국 노래인) 「징글벨」은 원래 추수 감사제용 노래였다. 캐럴 예배는 기독교인들이 함께 모여 동정녀 마리아의 자궁을 혐오하는 대신 예수가 동정녀에게 잉태되었으며 직접 창조된 것이 아니라는 진리를 비롯한 중요한 기독교의 진리들에 관해 노래할 수 있는 유일한 시간이다. 한때는 아리우스 이단Arian Heresy이라는 파가 있어, 예수는 여자의 몸에서 태어난 게 아니라 하느님이 직접 창조하신 피조물이라고 주장하기도 했다. 이 문제에 관해서만큼은 여전히 아주 조심해야 한다.

캐럴 예배에서 부르는 캐럴들은 완전히 다른 기원과 갈래의 노래들을 함께 엮어 만든 신기하고도 아름다운 조합이다. 성경 봉독도 마찬가지다.

✳ 성경

크리스마스에 관한 책이라면 응당 예수의 탄생 이야기도 포함하고 있어야 할 것이다. 나무나 칠면조 등 이것저것 소소한 것들에 대해 한없이 이야기를 펼쳐나갈 수도 있겠지만, 크리스마스에 관한 이야기를 하려면 결국 성경, 그리고 우리가 다들 잘 알고 있다고 생각하는 이야기로 돌아가야만 한다. 그 이야기는 신약에 나온다. 사실 모든 건 얼마 되지 않는 몇 개의 장(章)에서 파생되었다.

본격적인 이야기를 진행하기 전에 먼저 정말 놀라운 사실 하나를 짚어두어야겠다. 성경이라는 책은 하느님이 존재하는지의 여부에 관한 최종적인 답을 제시하지 않는다는 점이다. 믿을 만한 참고서를 여러 권 뒤져보고, 사전도 열심히 찾아봤지만, 어디서도 명확한 답을 찾지 못했다. 나는 진리를 다루는 게 아니라 그저 소소한 이야기들이나 늘어놓고 있지만, 일부 사람들 (특히 무신론자들은 나름의 어떤 이유로) 이런 소소한 이야기만 들어도 분개하고 절망한다는 것을 나도 모르지 않는다. 이런 분들은 고함을 지르고, 사람들을 치고, 무례한 편지를 보내고 울기도 한다. 혹시 지금 이 글을 읽는 독자 여러분 중 그런 분이 있다면, 요 몇 쪽은 건너뛰고 산타클로스 장으로 넘어가주셨으면 한다. 산타클로스야 우리 모두 동의하는 진리 아닌가.

그래도 여전히 읽고 계신다고요? 오호라, 훌륭하십니다. 옛날 옛적, 나사렛의 예수라는 분이 계셨다. 이분은 서기 33년경에 십자가에 못 박혔다. 진지한 역사학자들은 누구나 이 사실에 동의한다. 최초로 발견된 기독교인의 글은 성 바오로가 40년대와 50년대에 쓴 편지들이다. 하지만 성 바오로는 동정녀의 출산이나 예수의 탄생에 관해서는 단 한 번도 언급한 적이 없다. 그는 이런 사실에 대해서는 전혀 아는 것이 없어 보이므로 우리의 목적과는 무관하다고 봐야 한다.

최초의 복음서는 마르코복음이다. 60년대 후반경에 쓰였다. 하지만 마르코복음은 예수가 성인이 된 때부터 시작된다. 예수의 탄생이나 동정녀 마리아의 출산 이야기는 언급되지 않는다. 그러니 마르코복음도 제쳐놓기로 하자. 마지막 복음은 요한복음으로 서기 100년 혹은 그보다 조금 이후에 쓰였다. 요한복음에는 "말씀이 육신이 되어 우리 중에 거하시니"라는 아름다운 도입부를 통해 탄생에 대해 모호하게, 간접적으로 언급한 부분이 있긴 하다. 하지만 그게 전부다. 요한계시록은 서기 95년에 쓰였고, 정말 무슨 이야기를 하는 건지 갈피를 못 잡게 만드는 책이다. 역시 탄생에 관한 이야기는 없다.

탄생 이야기가 담긴 책은 단 두 권뿐이다. 마태오복음과 루카복음인데, 아마 80년대 혹은 90년대 즈음에 쓰인 것으로 추정된다. 루카복음부터 시작해보자. 우리 모두 잘 알고 있는 이야기다. 요셉과 마리아는 나사렛에 살고 있었는데, 마리아가 성령에 의해 잉태했다. 마침 인구조사가 있어서 이들은 베들레헴으로 가야만 했다. 베들레헴에 도착해보니 묵을 방이 없었다. 그래서 마리아는 마구간에서 출산하고, 구유에 아기 예수를 눕혀놓는다. 들판에서 양을 치던 목자들은 천사를 보는데, 천사는 그들에게 마구간으로 가라고 말한다. 마구간에 간 그들은 대단히 놀란다. 이게 크리스마스 이야기다. 우리 모두 잘 알고 있는 이야기다.

이제 마태오복음을 살펴보자. 마리아와 요셉은 베들레헴에 살고 있다. 번듯한 집이다. 마리아는 성령으로 잉태한다. 그리고 출산한다. 그때 몇몇 박사가 동방에서 온다. 그런데, 마태오는 동방박사가 몇 명이었는지는 단 한 번도 말하지 않는다. 다만 복음서에 이들이 황금, 유향, 몰약이라는 세 가지 선물을 가져왔다고 언급되어 있기에, 사람들은 늘 동방박사가 세 명이라고 생각한다. 어쨌든 동방박사는 예루살렘에 들러 헤롯 대왕에게 메시아가 어디서 태어났느냐고 묻는다. 헤롯은 그들에게 베들레헴을 살펴보고 돌아와서 보고하라고 명한다. 동방박사는 베들레헴으로 가서 그 집을 찾아 선물을 전달한다. 하지만 꿈에서 헤롯에게 보고하지 말라는 경고를 듣고 보고를 생략한다. 헤롯은 화가 나서 베들레헴의 모든 아이를 죽이라는 명령을 내린다. 마리아와 요셉은 꿈에서 경고를 받고 이집트로 도망간다. 그들은 유대 지역으로 돌아오고 싶었지만, 베들레헴은 아직 대단히 위험했으므로 대신 나사렛으로 이사했다.

이것이 두 가지 버전의 예수 탄생 이야기다. 마태오복음에는 구유도, 마구간도, 인구조사도, 목자도 없다. 루카복음에는 별도 없고, 동방박사도 없고, 몰약도 없고, 이집트 탈출도 없다. 두 복음서 사이의 차이를 기억하려면 루카복음을 가난한 자의 복음이라고 생각하면 된다. 양을 치는 목동들은 가난한 사람들이었기 때문이다. 게다가 이들은 밤에 들판에서 자야 할 때 제대로 씻을 수 없어 더럽기도 했다. 1세기의 독실한 유대인이라면 모두 해야만 하는 씻는 의식을 할 수 없었기 때문이다. 루카복음의 예수는 가난하고 억압받고, 마구간과 들판에서 잠을 자고, 호텔 예약을 하지 못한 사람들을 위해 세상에 오신다.

마태오복음은 좀 더 웅장하다. 예수가 태어나는 순간 하늘의 별들이 바뀐다. 이방인들이 오고(동방박사는 이방인이다_옮긴이), 왕들은 불안에 떨다(헤롯을 가리킨다_옮긴이), 출장을 시키고 대량 학살을 빚는다. 앞에서 말했듯이, 나는 종교 문제에 대한 해답을 제시하려는 것이 아니다. 하지만 이 두 가지 이야기에서 진리를 찾을 수 없다면, 여러분이 잘못된 종류의 진리를 찾고 있는 것일 수도 있다.

두 복음서의 이러한 차이에 주목하는 사람들이 그렇게 드물다니 놀라울 따름이다. 그건 아마 우리 모두 수천 번 보아왔던 예수 탄생 장면 때문일 수 있다. 우리가 본 장면은 동방박사와 목자들이 나란히 서 있고, 예수는 구유에, 별은 마구간 위에 매달려 있는, 두 복음서의 내용이 마구 뒤섞인 장면이기 때문이다. 캐럴 예배 때는 루카복음의 이야기를 봉독할 때도 있고 마태오복음의 이야기를 봉독할 때도 있다. 캐럴도 예배 때마다 각각 여러 가지 종류를 다양하게 부른다. 그러다 보니 두 이야기의 서로 다른 요소들이 우리 마음속에서 뒤죽박죽 섞여 하나가 되는 것이다. 캐럴 예배를 창안한 에드워드 화이트 벤슨이 예배 때 캐럴을 배치하는 솜씨가 뛰어나서일 수도 있고, 아니면 크리스마스 때 마신 에그노그(우유에 크림, 설탕, 달걀, 분말 계피 등으로 맛을 내고 럼, 브랜디, 위스키 같은 다양한 알코올도 첨가한 음료다. 캐나다, 미국, 유럽 일부 지역에서 전통적으로 크리스마스 때 마신다_옮긴이) 탓일 수도 있다.

이제 교회에서 나갈 시간이다. 크리스마스이브다. 고요한 밤, 거룩한 밤에 여러분이 서둘러 집으로 돌아갈 무렵, 저 멀리 북쪽 어딘가에서는 괴상한 모습을 한 어느 튀르키예 친구가 순록에 썰매 고삐를 잡아매고 있는 중이다.

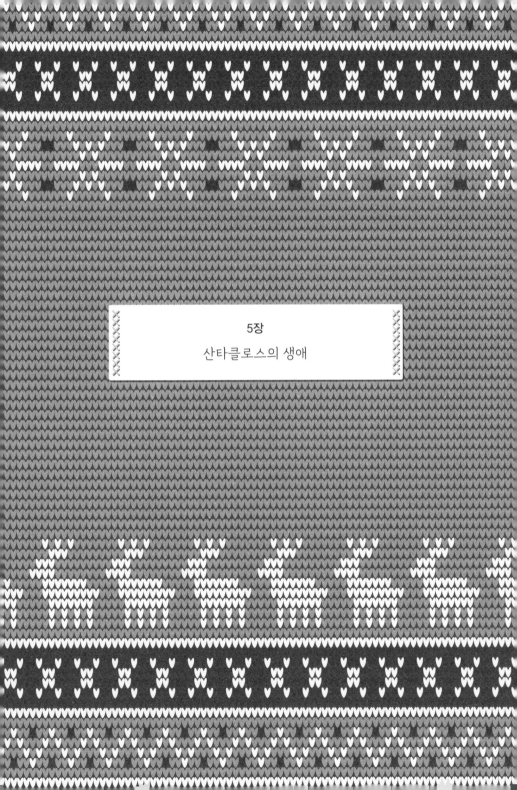

5장

산타클로스의 생애

산타클로스는 아마 별로 의심할 여지 없이 세상에서 가장 유명한 1,800살 먹은 튀르키예 사람이다. 나이와 유명세 면에서 그의 명성에 필적할 사람은 거의 없다고 봐야 하지 않을까. 그는 서기 270년, 혹은 그즈음에 파타라라는 마을에서 태어났다. 니콜라스Nicholas라는 이름의 이 꼬마 녀석은 태어난 순간부터 누가 보더라도 참 별난 아이였다. 당시 사제들은 수요일과 금요일마다 단식을 해야 했는데, 이 신생아 니콜라스도 수요일과 금요일엔 **모유 수유를 거부했기 때문이다.**

독자 여러분은 태어난 지 며칠 되지도 않은 아이가 도대체 어떻게 요일을 알 수 있었을까, 혹은 사제들의 단식 규칙을 어떻게 알 수 있었을까 의아해할 수도 있다. 사실 니콜라스에 관한 최초의 전기는 그가 죽고 400년이 지나서야 쓰였고, 그 정확성을 의심하는 학자도 많다는 사실부터 짚고 넘어가야겠다. 심지어 니콜라스라는 사람이 아예 세상에 존재한 적조차 없다고 생각하는 학자들도 있다. 물론 얼마 되지 않는 소수의 견해에 불과하다. 역사학자들은 대부분 산타 클로스의 존재를 믿고 있다. 다만 모유 수유를 거부했다는 이야기 따위를 믿지 않을 뿐이다.

이러한 사실을 염두에 두고, 니콜라스에 관한 이야기를 계속해보자. 이후에 나온 한 전기에 따르면 태어난 지 며칠밖에 지나지 않은 니콜라스는 세례식에서 누가 안거나 받쳐주지도 않았는데 세 시간 동안이나 제단에 서 있었다고 한다. 성부·성자·성령에 대한 자신의 헌신을 상징하는 의미에서 그랬다고 한다. 젖을 먹을 때는 하느님의 오른편stand at God's right hand에 서려는 의도에서 어머니의 오른쪽 젖만 빨았다고 한다(전통적으로 성경에서는 예수 그리스도를 하느님의 오른편에 앉아 있다고 묘사함으로써 성부인 하느님과 성자인 그리스도가 같은 신성을 갖고 있음을 나타낸다_ 옮긴이). 나로서는 아기에게 젖을 먹인 적이 없어, 개인적으로 알고 있는 몇몇 엄마에게 물어봤더니, 이런 한쪽 수유는 엄청난 고통을 안겨준다고 한다.

니콜라스는 자라서 여성들을 경멸했고 술도 혐오했으며 극장도 싫어했다. 그래서

그는 동정이라는 꺼지지 않은 등불을 간직하고, 자애의 기름oil of charity(성경의 은유로, 사랑을 밝히고 세상의 빛이 된다는 의미가 있다_옮긴이)을 충만하게 유지할 수 있었다.

이러한 묘사는 다소 놀라운 데가 있다. 모든 전기가 합의한 듯 전하는 바에 따르면 그에게서는 환상적인 냄새가 났다고 하기 때문이다. 그는 향기를 발산했고, 입 냄새마저 감미로웠다. 사실 그는 좋은 냄새로 인해 향료 기술자들의 수호성인이 되었을 정도였다(순결함과 동시에 향기로웠다는 사실은 놀라운 대비로 받아들여진다. 순결이 종종 욕구를 억제하고 쾌락을 포기하는 것과 연관되는 반면에, 좋은 냄새를 맡는 것은 유쾌한 감각적 경험이기 때문이다_옮긴이).

여기서 잠깐 다른 일화를 말해보자면, 니콜라스에게서 워낙 좋은 냄새가 나다 보니, 사람들은 그를 미라의 주교Bishop of Myra로 삼았다. 미라는 튀르키예 남부의 도시로, 인근 산에서 몰약이 많이 자라나 그런 이름을 갖게 되었다고 한다(몰약myrrh은 감람과 몰약나무속에 속하는 나무에서 얻을 수 있는 향기로운 수지를 가리킨다. 향수·향료의 원료로 사용된다_옮긴이). 니콜라스는 외아들이어서, 부모가 돌아가시자 전 재산을 상속받았다. 앞에서 말했듯 여자와 술과 극장을 싫어했던 그로서는 딱히 돈을 쓸 데가 없었다. 결국 그는 부자들의 최후의 안식처인 자선에 돈을 모

조리 쓰기로 했다. 그 유명한 이야기가 탄생한 것은 바로 여기서부터다. 모든 전설의 시작이자, 역사의 굴뚝에서 명성의 벽난로까지 이어지는 유명한 이야기의 출발점이다. 아름답고 감동적이며 코끝을 찡하게 만드는 이야기다. 이야기는 다음과 같이 진행된다.

니콜라스의 이웃 중에는 유명해진 지 얼마 안 된 귀한 가문 출신의 남자가 있었다. 그의 집은 니콜라스의 집 바로 옆이었다. 그런데 신의 뜻대로 살아가는 사람을 늘 못마땅하게 여기는 악마의 모략과 질투로 인해, 그 이웃은 지독한 빈곤에 쪼들려 먹을 것조차 없는 신세가 되었다. 한때 잘살다가 일순간 극빈 상태로 추락한 셈이었다. 그에게는 세 딸이 있었는데, 모두 맵시 있고 아름다웠다. 이웃은 자신과 가족이 먹고살기 위해 이 딸들을 사창가에 팔아야 할 지경에 이르렀다. 지체 있는 집안이나 권력을 가진 사람 중에는 그 딸들과 정식 혼인을 하려 드는 사람이 없었기 때문이다. 신분이 이들보다 더 낮은 사람이나 조금이라도 재산이 있는 사람 중에도 그의 딸들과 결혼할 선의를 가진 사람은 전혀 없었다. 결국 이웃은 구원받기를 포기했다. 끈기 있는 기도로 하느님을 설득할 수 있다고 생각하는 것만으로도 이미 지쳐 졸도할 지경이었다. 이런 논리로 결국 그는 자기 딸들을 사창가라는 불명예의 심연에 빠뜨리는 데 동의했다.

이런 이야기가 아름다운 이유는 우리 모두와 무관하지 않은 상황을 다루고 있기 때문이다. 가난 때문에 부모가 자식을 힘든 상황에 빠뜨리는 이런 이야기는 어느 부모라도 감정을 이입할 만한 보편적인 것이다. 하지만 니콜라스 주교는 참견하기 좋아하는 사람이었고, 이러한 불의를 용납할 수 없었다. 그는 이웃에게 딸들의 지참금으로 쓸 돈을 주기로 했다. 하지만 니콜라스는 겸손한 사람이었다. 이웃집 문을 쾅쾅 두드려 옜다 하고 돈을 전달하기보다는 한밤중에 이웃집 창문 틈으로 돈을 넣어주는 쪽을 택했다. 사흘째 되던 날 밤 이웃은 현장에서 니콜라스를 잡았다. 하지만 니콜라스는 자신이 돈을 줬다는 사실을 누구에게도 발설하지 말라고 신신당부했다. 이웃집 남자는 신성한 맹세를 했다. 그런데 우리가 이 이야기를 알고 있다니 참 신기할 노릇이다.

여기서 중요한 점은 니콜라스가 비공식적으로 경제적 어려움에 처한 사람들의 수호성인이 되었다는 것이고, 공식적으로는 전당포의 수호성인이 되었다는 사실이다. 전당포 주인들은 오늘날까지도 미라의 니콜라스가 준 세 선물을 기념하는 의미에서 전당포 밖에 공 세 개를 걸어놓는다(전당포의 상징으로 공 세 개를 걸어놓은 곳이 많은데, 이를 저자처럼 해석하는 사람도 있지만, 사랑과 풍요의 행성인 금성의 상징이라는 의견, 전당포에서 담보로 받는 금, 은, 보석을 상징한다는 의견, 르네상스 시대 이전부터 은행 역할을 했던 이탈리아 메디치 가문의 문장이라는 의견도 있다_옮긴이).

물론 니콜라스는 여러 기적을 행한 것으로도 유명하다. 그는 선원 세 명을 익사 위기에서 구해줬다(그래서 선원들의 수호성인이 되었다). 그는 억울하게 기소당한 병사 셋을 구해줬다. 그는 냉혹한 도살자에 의해 살해된 소년 세 명을 살려냈다(실제로 죽은 소년들을 부활시킨 게 아니라 소년들이 죽기 직전에 구했다는 이야기도 있다_옮긴이). 사실 그는 모든 일을 3이라는 숫자에 맞춰 하기를 좋아했다. 왜 그랬는지는 모르겠다.

결국 성 니콜라스도 죽음을 맞이했다. 우리 모두 그렇듯이 그도 불멸할 수는 없으니까. 니콜라스 성인은 죽은 이후까지 환상적인 냄새를 풍겼다고 한다. 실제로 어떤 액체가 그의 관에서 흘러나왔고, 그걸 얻어보겠다고 수백 마일 순례길을 나서는 사람들도 있었다. 전해지는 이야기에 따르면, 그가 사망한 날은 343년 12월 6일이었다고 한다. 어쨌든 그날이 니콜라스 성인의 축일이다.

니콜라스가 살아생전에 성인으로 시성된 건지, 사후에 그렇게 되었는지는 확실치 않다. 하지만 사후에 훨씬 인기 있는 인물이 된 것만은 확실하다. 성인이 얼마나 인기가 있는지 대충이나마 가늠해보려면 그 성인의 이름으로 축성한 교회가 몇 곳이나 되는지 세어보면 된다. 중세까지 니콜라스는 성경에서 언급되지 않은 성인 중에서 가장 인기 있는 성인이었다. 니콜라스 성인의 이름을 딴 교회가 잉글랜드에만 800곳이나 되었다.

그리고 그는 정말 온갖 것들의 수호성인이 되었다. 실질적으로 그렇다는 말이다. 그는 아이들의 성인, 회개한 도둑들의 성인, 선원들의 성인, 바지선을 모는 사람들의 성인, 구두닦이의 성인, 포목상의 성인, 약사의 성인, 식료품상의 성인, 말을 돌보는 사람의 성인, 법률가의 성인, 연인들의 성인, 기름 상인들의 성인, 고아들의 성인, 상인들의 성인, 살인자들의 성인이었다. 모두 합쳐 100개도 넘는 전문직(살인이 전문직인지는 모르겠지만, 어쨌든 그것도 포함해서), 여덟 개의 나라, 그리고 셀 수 없이 많은 도시의 성인이었다. 니콜라스라는 이름은 유럽 전역에 유행했는데, 이름뿐 아니라 성으로도 인기가 있었다. 변형된 형태까지 있었다. 니콜라Nicola나 닉슨Nixon처럼 금방 파악할 수 있는 변형도 있었지만 클라우스Klaus나 닐스Nils 같은 조금 어려운 변형도 있었다. 콜Cole, 콜린스Collins, 니체 Nietzsche 정도가 되면 그 원형을 도무지 파악하기 힘든 이름이다. 어쨌든 이 이름들은 죄다 미라에서 선행을 베풀었던 니콜라스라는 인물에게서 온 것이다.

사람들은 그의 무덤에도 모여들었다. 1087년에는 이탈리아 선원 한 무리가 그의 무덤에서 시신을 탈취해 이탈리아로 달아났다. 이들은 성 니콜라스의 시신을 이탈리아 남부 바리Bari로 옮겼다(성인들에겐 '이송한다transport'라는 말 대신 '옮긴다translate'라는 표현을 써야 한다). 선원들은 미라가 셀주크 튀르크인들에게 함락되면서 성 니콜라스의 시신이 위험해졌기 때문에 시신을 옮겼다고 주장했다(셀주크 튀르크인들은 무슬림이니까 기독교 성인의 무덤을 존중하지 않을 걸 걱정했다는 말이다_옮긴이). 하지만 사실 시신을 옮긴 진짜 이유는 관광 산업 때문이었다. 성인의 시신이 묻힌 곳이면 어디나 그 성인을 가까이서 보기 위해 수도 없이 몰려드는 순례자로 북적였기 때문이다. 바리 사람들은 성 니콜라스의 유골을 보관할 지하 무덤을 크게 지었다. 교황이 직접 나서 성 니콜라스를 거기에 묻고 축성했다. 그런 다음 그 위에 교회를 지었다. 오늘날까지도 성 니콜라스는 그곳에 묻혀 있다. 따라서 여러분의 아이가 크리스마스 시즌에 백화점에서 보는 산타클로스의 집을 지루해한다면, 아이를 산타의 무덤에 데려갈 수도 있다.

게다가 기이하고 달콤한 냄새가 나는 액체가 여전히 그의 관에서 떨어지고 있다. 사실 과학으로는 설명할 길 없는 미스터리다. 과거에는 이것을 만나(이스라엘 민족이 40년 동안 광야를 방랑하고 있을 때 여호와이신 하느님이 내려주었다고 하는 천상의 양식을 말한다_옮긴이)라고도 하고, 기름이라고도 했다. 하지만 실제로 테스트해본 결과, 그 물질은 기본적으로 순수한 물이었다. 정말 기이하다. 관으로 들어가는 물이 전혀 없는데, 어떻게 물이 나오는 걸까? 이론은 많다. 기적으로 설명하기도 하고, 제정신이 아닌 설명도 있고, 과학적인 설명도 있고, 다른 사람들의 흥을 깨는 설명도 있다. 하지만 실제로 확신하는 사람은 없다. 이들에게 일일이 우편엽서를 보내 정중하게 실험을 요구해보기도 했지만, 답장을 써준 사람은 없다. 이 액체는 매년 평균 50밀리리터 정도씩 나온다.❄ 지금도 매년 5월 9일, 성 니콜라스를 옮긴 기념일에 이 액체를 모아들인다.

성 니콜라스 숭배는 멈추지 않고 계속 퍼져나갔다. 그에 관한 연극도 여러 편 제작되어 그의 축일에 공연되었다(2장을 보라). 연극에서 그는 무고한 사람들을 석방하고, 십자군 전쟁에 기여한다. 물론 시대착오다(십자군 전쟁은 크게 아홉 차례로 나뉘어 200년 동안 지속되었는데, 시작은 1095년, 끝은 1291년이었다. 성 니콜라스가 죽고 나서 한참 뒤의 일이다_옮긴이). 하지만 그딴 것에 누가 신경이나 쓴단 말인가? 그는 아이들과 익명의 선물의 수호성인이었기 때문에, 그의 축일이자 사망일인 12월 6일이면 아이들에게 작은 선물을 주는 풍습이 생겨났다. 성 니콜라스가 그 선물을 주었다는 말은 덤이었다. 이러한 관습은 12세기 프랑스에서 이미 확고한 전통으로 찾아볼 수 있었다. 대개 아이들은 밤에 신발을 밖에 내놨다. 하지만 버릇없고 말썽을 피운 아이들은 아무런 선물도 받지 못했다.

이러한 전통은 많은 곳에 존재했다. 하지만 이 책의 목적을 생각하면 이 풍습이 네덜란드에 존재했다는 사실이 중요하다. 네덜란드에서는 성 니콜라스를 '신타 클라스Sinta Klaas'라고 쓰기 때문이다. 종교개혁이 일어나면서 네덜란드는 개신교 국가가 되었다. 개신교도와 청교도는 가톨릭교회가 하느님을 숭배해야 할 시간에 성인들이나 숭배하고 있다는 이유로 성인들을 마뜩잖게 생각했다. 이를 '성

❄ 술집에서 얼음을 뺀 위스키 더블 정도 되는 양이다.

인 공포증hagiophobia'이라고 부르기도 한다. 이들은 성경에 언급되지 않거나, 실제로 존재하지 않았을 가능성이 크거나, 한쪽 모유 수유와 같이 비현실적인 일화와 관련된 성인들을 특히 마음에 들어 하지 않았다.

성 니콜라스는 이 모든 기준을 골고루 충족하고도 남는 사람이었다. 이에 따라 개신교는 성 니콜라스 숭배를 금지하려 했다. 실제로 암스테르담에서는 성 니콜라스 축일 이브에 음식을 들고 돌아다니는 것을 금지하기도 했다. 하지만 이 모든 노력에도 불구하고 '신타 클라스'를 죽일 수는 없었다. 다른 성인들이 사후 박해를 당하고 기억에서 사라지고 난 이후에도 니콜라스는 끝끝내 살아남았다. 어쨌든 그는 암스테르담의 수호성인이자, 선원들의 수호성인이었고, 따라서 1624년 네덜란드의 수도 암스테르담에서 출발한 선원들에게는 이중으로 수호성인이었다. 네덜란드 선원들은 맨해튼 섬Manhattan Island이라는 듣지도 보지도 못한 장소에 도착해, 원주민들에게서 공식적으로 그 땅을 매입했다. 네덜란드 선원들은 땅에 대한 대가로 원주민들에게 구슬이 아니라 유럽 상품 60길더어치를 지불했다. 이는 오늘날의 돈으로는 약 750파운드에 해당하는 가치다. 이들은 그 땅에 뉴암스테르담을 만들었다. 그곳에서 '신타 클라스'는 유명해질 것이었다. 산타는 튀르키예에서 태어났을지 모르지만 그는 사실 뉴요커다(뉴암스테르담이 훗날 뉴욕이 되었다는 의미로 한 말이다_옮긴이).

✳ 뉴욕의 산타클로스

미국은 크리스마스는 존재하지 않는다는 원칙에 입각해서 세워진 나라다. 종교의 자유, 식민지 시대의 이상주의, 자유, 개척 등등의 비현실적이고 터무니없는 여러 이야기와 이론들은 수없이 들어봤을 것이다. 하지만 이러한 뜬구름 잡는 이야기들은 죄다 플리머스의 바위Plymouth Rock(1620년 필그림이 상륙했던 지점이다_옮긴이)에 발을 내디뎠던 냉정하고 엄격한 필그림 파더스Pilgrim Fathers(1620년 북아메리카 식민지 시대 뉴잉글랜드 최초의 영국 식민지가 된 매사추세츠주 플리머스에 정착한 사람들이자 미국인의 선조다_옮긴이)와 관련된 냉엄하고 가혹한 사실을 무시하고 있다. 이 필그림들은 청교도였고 청교도들은 크리스마스를 혐오했다. 이들은 1620년 새로운 식민지에서 처음 맞은 크리스마스를 그냥 집이나 지으며 보냈다. 분명히 해두자면 크리스마스에 어떤 행운을 바라거나 크리스마스를 좋아해서 집을 지은 건 아니었다. 이들은 크리스마스의 가치를 전혀 믿지 않았기 때문에 크리스마스도 다른 날과 다름없는 일반적인 평일이라고 생각하면서 집을 지었을 뿐이었다. 미국의 식민주의, 자본주의, 미지의 대륙에 관한 이론은 얼마든지 마음대로 펼칠 수 있지만, 미국이 크리스마스란 건 존재하지 않는다는 원칙 위에 세워진 국가라는 사실만큼은 나무에 박힌 못처럼 단단하다고 할 수 있다.

하지만 이듬해 미국인들은 크리스마스를 기념했다. 다소 약하게 기념하긴 했지만 말이다. 12월 초에 '포천Fortune'이라는 이름의 배를 타고 새로운 정착민들이 도착했는데, 그들은 종교적으로 청교도들보다는 좀 더 관용적인 태도를 갖고 있었다. 크리스마스가 다가오자 그들은 플리머스 식민지 총독인 윌리엄 브래드퍼드William Bradford에게 성일(聖日)에는 일하지 않겠다고 말했다. 총독은 처음에는 그들의 요청을 거부했지만, 결국에는 하는 수 없이 크리스마스를 휴일로 하는 데 동의했다. 최초로 메이플라워호를 타고 미국에 왔던 필그림들은 여느 때와 마찬가지로 들판에 나가 일했지만, 저녁때 집에 돌아오니 신규 이민자들은 스툴볼(크리켓의 초기 형태)을 하며 즐겁게 놀고 있었다. 그것도 공공연히 말이다. 브래드퍼드 총독은 이 것까지는 참을 수 없었다. 그는 이들의 장난감을 압수하고 모두 집안으로 들어가 근신하라고 명령했다. 그는 "이후로는, 최소한 공개적으로는, 그런 시도가 이루어지지 않았다"라고 자신의 일기에 흡족한 듯 기록을 남겼다.

하지만 새로운 필그림들이 계속 도착했고, 이들은 굳이 25일까지 축하 행사를 기다리려 들지도 않았다. 1633년 메릴랜드에 도착

했던 '아크Ark'라는 배는 미국으로 오는 항해 중에 크리스마스를 맞게 된다. 사람들은 술에 만취했고 "10여 명이 죽었다."

물론 청교도들은 대서양을 넘어 끈질기게 들이닥치는 재미라는 이름의 파도에 필사적으로 저항했다. 이들은 재미를 비난하다 못해 범죄로 취급하기까지 했다. 하지만 거꾸로 생각하면 비난할 정도로 재미있는 것이 많았다는 말도 된다. 보스턴의 저명 작가이자, 목사, 과학자 등등이었던 코튼 매더Cotton Mather는 이렇게 물었다. "여러분은 가슴에 손을 얹고 양심에 따라, 과식, 과음, 음란한 게임, 흥청망청한 주색잡기, 사투르누스(로마 신화의 농업과 풍요의 신이다_옮긴이)나 바쿠스(로마 신화의 술과 흥취의 신이다_옮긴이) 또는 무함마드의 빛the light of Mahametan Romandon(이교도의 축제, Romandon은 원래 '로마의 빛'이라는 의미인데, 매더는 크리스마스를 이교도의 축제와 같다고 비난하면서, 무함마드의 빛에 크리스마스를 비유하고 있다_옮긴이)에나 어울리는 웃음소리 가득한 미사로 우리 구세주께 영광을 바칠 수 있다고 생각하는 겁니까?"

일부 주에서는 크리스마스가 공식적으로 금지되었다가, 영국 당국의 압력을 받아 해제되었다가, 다시 금지되고, 다시 반쯤 금지되었다가 다시 풀리고 하는 일이 반복해서 일어났다. 가령 1659년 매사추세츠주에서는 "크리스마스 같은 날에 노동은 하지 않고 축제를 즐기는 등 축일을 기념하다 적발된 사람은 벌금 5실링을 내야 한다"라는 법안이 통과되었다. 이 법안은 1681년 영국의 압력을 받아 폐지되었다. 이런 게 일반적인 방식이었다. 미국인들은 크리스마스를 싫어했다. 오히려 식민지 당국에서 억지로라도 크리스마스 행사를 견뎌보라고 해야 할 정도였다.

　이런 상황이니 미국에서 산타클로스의 인기가 급증했던 이유가
사실은 영국에 대한 반감과 미국에 대한 애국심 때문이라는 사실은
다소 의외의 결과로 보일 수 있다. 결론부터 말하자면, 이러한 반전
이 일어난 이유는 미국 독립전쟁 동안 산타가 미국인들의 편을 들었
기 때문이다.

✴ 성인(聖人)들의 전투

　역사학자들은 차에서 세금에 이르기까지 미국혁명(미국 독립전쟁을 말
한다_옮긴이)의 원인이 다양하다는 데 의견을 모은다. 흥미롭게도 춤을
미국혁명의 원인으로 제시하는 이론도 있다. 영국 식민 당국은 무도
회를 열었다. 잉글랜드인들은 성 조지 축일St George's Day(3월 23일, 잉
글랜드의 수호성인을 기리는 날이다_옮긴이)에, 스코틀랜드인들은 세인트 앤드
루 데이St Andrew's Day(11월 30일, 스코틀랜드의 수호성인을 기념하는 날이다_옮긴이)
에, 아일랜드 사람들은 성 패트릭 데이St Patrick' Day(3월 17일, 아일랜드에
기독교를 전파한 패트릭 성인을 기리는 날이다_옮긴이)에, 웨일스인들은 세인트 데
이비드 데이St David's Day(3월 1일, 웨일스의 수호성인을 기리는 기독교 축일이다_옮
긴이)에 무도회를 열었다. 이 무도회들은 대단히 호화롭고 사치스러
웠다. 혁명이 목전에 다가오면서 사람들은 이런 무도회를 구체제 권
력의 상징으로 보기 시작했다. 미국의 애국자들은 이 무도회는 물론

무도회가 벌어지는 축일에 대해 불만을 토로하며 비웃기 시작했고, 미국 나름의 성인(聖人) 모임을 만들고자 했다. 그중 가장 유명한 단체가 성 태머니의 아들들Sons of St Tammany이다. 태머니는 성인도 아니다. 그는 아메리카 인디언 추장이었다. 그걸 알면서도 그를 수호성인으로 불러, 영국을 화나게 하려는 의도로 일부러 만든 모임이었다. 심지어 5월 1일을 태머니 데이St Tammany's Day로 지정하기도 했다.

　뉴욕 사람들은 1664년 침공해온 영국인들이 이 조그마한 도시 이름을 뉴욕이라고 잔인하게 바꿀 때까지 자신들의 도시 이름은 뉴암스테르담이었다는 사실에 주목했다. 그래서 자신들의 네덜란드 유산을 기리는 의미에서 1773년 성 니콜라스의 아들들Sons of St Nicholas이라는 모임을 꾸렸다. 이 또한 절반은 농담, 절반은 영국을 조롱하려는 의도였다. 하지만 이 모임으로 인해 성 니콜라스는 미국 혁명에서 미국 편에 서게 되었다. 성 니콜라스가 같은 편이라는 사실이 군사적으로 얼마나 효력이 있었는지는 알려지지 않았다. 어쨌든 1,400년 전에 죽은 사람 아닌가. 하지만 그는 존 핀타드John Pintard라는 뉴욕 군인에게는 커다란 영향을 미친 것 같다.

　핀타드는 성 니콜라스를 위해 성 니콜라스 본인보다 더 많은 일을 했다.

열성분자

존 핀타드는 얼굴을 내미는 일이라면 어디든 마다하지 않는 사람이었다. 부유하고, 교육도 충분히 받은 핀타드는 뉴욕시 시의원을 역임하며, 없는 것을 설립하고, 운영하고, 제도화시키는 데 열정을 바친 사람이었다. 그는 뉴욕 역사 협회New-York Historical Society와 매사추세츠 역사 학회Massachusetts Historical Society를 설립했다. 그는 태머니 협회Tammany Society의 수장이었고, 한 프리메이슨 집회소의 우두머리였다. 그는 7월 4일과 조지 워싱턴의 생일을 국가 공휴일로 지정해야 한다는 주장을 펴서 관철시키기도 했다. 하지만 그가 누구보다 진정으로 사랑한 것은 성 니콜라스였다.

그는 미라의 니콜라스를 뉴욕의 수호성인으로 만들기 위해 모든 노력을 기울였다. 하지만 실패하자, 차선책으로 그를 뉴욕 역사 협회의 수호성인으로 삼았다. 그는 성 니콜라스의 날을 공휴일로 제정하려고 노력했으나 뜻을 이루지 못했다. 하지만 결코 포기하지 않았다. 물론 그는 성 니콜라스의 날마다 자식들에게 선물을 줬다. 어떤 해에는 심지어 실물 크기의 산타클로스 모델을 제작하기도 했다. 그러곤 자녀들을 방 한쪽 끝에 서게 하고 다른 쪽 끝에 있는 문을 열면, 도르래가 사용된 모형이 문 위로 모습을 드러내어 자녀들이 산타클로스를 볼 수 있게 만들었다. 그의 아들은 "그 자리에서 죽은 동생이 살아 돌아왔다며 비명을 질러댔다."

풍자작가

워싱턴 어빙은 미국혁명이 끝나던 주에 태어났다. 그의 이름이 워싱턴이 된 것은 바로 그런 이유에서였다. 그는 뉴욕의 부유한 집안 출신으로 코미디에 천부적인 재능이 있었다. 그는 야구팀(1842년 미국 최초로 뉴욕에서 창단된 맨해튼 니커보커스의 창단 멤버이자 초대 회장으로, 1938년 미국 야구 명예의 전당에 헌액되었다_옮긴이), 여성용 속옷, 배트맨, 산타클로스의 등장에 이바지했다.

우선 배트맨부터 시작해보자. 먼 옛날 영국 노팅엄셔 들판에 염소가 몇 마리 있었다. 그래서 이 들판은 염소 농장, 고대 영어로는 갓-햄Gat Ham이라 불렸다. 몇 세대가 지나며 이 이름은 고담Gotham 으로 굳어졌다. 오늘날까지도 이 마을은 A453도로(영국의 노팅엄과 버밍엄을 연결하던 주요 고속도로를 말한다_옮긴이)에서 조금 떨어진 곳에 남아 있다.

… 어떤 주민들은 연못에 뱀장어를 빠뜨려 익사시키려고 애쓰고 있었다. 어떤 사람들은 목재를 태양으로부터 가리기 위해 큰 창고 위로 수레를 끌어올리고 있었다. 어떤 사람들은 치즈를 언덕 아래로 굴려 노팅엄까지 가게 한 다음 거기서 치즈를 팔려고 했다. 또 어떤 사람들은 뻐꾸기가 앉은 수풀 주위에 울타리를 쳐서 뻐꾸기를 가두려고 했다.

이런 짓들은 다 아주 교묘한 계략이었을 수도 있다. 한때 광기는 전염된다고 여겨졌으니 고담 사람들은 외부인의 방해 없이 자기들끼리만 살고 싶다는 이유로, 터무니없는 미친 짓을 벌이는 듯 보임으로써 외부인의 접근을 차단했을 수도 있다. 하지만 이유야 뭐가 되었든 '고담'은 멍청함을 가리키는 낱말이 되었고 '고담 사람들'은 바보들을 가리키는 말로 굳어졌다.

이제 시간의 테이프를 몇백 년쯤 훅 미래로 돌려 워싱턴 어빙이 살던 뉴욕으로 가보자. 어빙은 몇몇 친구들과 『샐머건디Salmagundi』(원래 고기와 달걀, 후추 등을 섞어 맵게 만든 잡탕요리인데 잡동사니, 잡집(雜集), 잡록(雜錄)이라는 뜻이 되었다_옮긴이)라는 잡지를 창간했는데, 이 책의 유일한 목적은 뉴요커 조롱이었다. 이 잡지 17호에서 어빙은 처음으로 뉴욕을 고담시라고 부른다. 그러면서 고담시가 배트맨 만화와 영화의 배경으로 등장하는, 오늘날까지도 이어지는 전통이 시작된다.

하지만 이듬해 어빙은 뉴욕 사람들을 조롱하기 위해 더 거창하고 멋진 계획을 세운다. 뉴욕 역사를 패러디하는 책을 써서 핀타드가 설립한 뉴욕 역사 협회를 놀려먹기로 작심한 것이다. 과거에 관해 막연하고 피상적인 방식으로 글을 쓰는 주제에 자기 지식을 과시하기 위해 과거를 낭만화하는 역사학자들의 작업 방식을 조롱하기 위함이었다. 게다가 협회를 조롱하기 위해 직접 협회에 가입했다. 따라서 어빙은 그해 성 니콜라스의 날에 협회의 연례 만찬에 참석해서 협회의 수호성인을 위한 건배를 해야 했다. 물론 거기서 듣는 내용은 모두 머리에 기록해두면서 말이다.

어빙은 자신의 패러디 역사책 『뉴욕의 역사, 세계의 시작부터 네덜란드 왕조의 종말까지A History of New-York from the Beginning of the World to the End of the Dutch Dynasty』(이후『뉴욕의 역사』로 표기한다_옮긴이)를 무척 빨리 썼다. 하지만 출간 계획은 상세한 부분까지 세세하게 챙겼다. 우선 그는 디트리히 니커보커Diedrich Knickerbocker라는 어떤 나이 지긋한 네덜란드인이 호텔 방에서 사라졌다는 소식을 알리는 전단을 뉴욕 여기저기에 붙였다. 자신은 호텔 주인으로 위장했다. 그는 니커보커가 호텔 요금도 내지 않은 채 사라졌으며, 남겨놓은 것이라고는 엄청난 분량의 원고밖에 없다는 신문 광고도 냈다. 니커보커가 돌아와 호텔 요금을 내지 않는다면, 하는 수 없이 그 원고를 출간해서 요금을 충당하겠다는 말도 했다. 물론 니커보커라는 사람은 실제로 존재한 적이 없다. 이름은 뉴욕시 의원인 친구 허먼 니커보커Herman Knickerbocker라는 사람으로부터 빌린 것이었다. 발음도 괜찮고, 그만하면 충분히 네덜란드 사람 이름 같아서 어빙으로서는 흡족했다. 사실 그의 책이란 게 네덜란드 사람들이 뉴욕을 세웠다는 사실과 성 니콜라스가 중요하다는 내용이 전부였기 때문이다. 그의 책에서 성 니콜라스는 종교적 환영 속에 나타나 선원들에게 길을 인도하기도 했다. 그것도 모자라 성 니콜라스는 맨해튼에 상륙한 최초의 배 선수상(船首像, 배의 앞부분 끝에 나무로 만들어 붙이는 상으로, 보통 여자 모습을 하고 있다_옮긴이)에도 자리 잡고 있었다. 이 밖에도『뉴욕의 역사』어디에나 성 니콜라스가 등장하는데, 등장할 때마다 목적은 **핀타드를 조롱하는 것**이었다.

『뉴욕의 역사』는 출간되자마자 현대의 고전으로 자리 잡았다. 당시 젊은 나라였던 미국은 아직 그럴듯하게 내세울 만한 자국 문학이란 게 많지 않았다. 로런스 스턴Laurence Stern(영국의 풍자작가, 성직자, 소설가로 『트리스트럼 샌디Tristram Shandy』로 유명하다_옮긴이)이나 조너선 스위프트Jonathan Swift(역시 영국의 풍자작가, 성직자, 정치평론가다. 우리에겐 『걸리버 여행기』로 유명한데, 이 책은 아동문학이 아니라 정치 풍자 소설에 가깝다_옮긴이)에 필적하는 일급 풍자작가로서 어빙은 훌륭한 미국 문학을 바라는 동시대인들의 욕구를 충족시켜줬다. 책은 미친 듯이 팔려나갔다. 어빙은 유명해졌다. 이 책으로 인해 니커보커라는 이름은 뉴욕과 동의어가 되었다. 지금도 뉴욕의 NBA 농구팀 뉴욕 닉스Knicks가 팀의 이름을 니커보커에서 따서 쓰고 있을 정도다.

이 책은 바다 건너 영국에서도 엄청난 성공을 거뒀다. 영국판에는 조지 크룩섕크George Cruikshank가 우스꽝스러운 네덜란드 바지를 조롱하는 삽화를 그렸다(어빙은 이 네덜란드의 전통 복식이 재미있다고 생각했다). 그 결과, 이 바지가 니커보커라고 알려졌다. 이후 영국에는 네덜란드 바지를 닮은 여성 속옷을 가리키는 완곡한 표현으로 니커스knickers라는 표현이 등장했다(사실, 19세기 후반 미국에서 니커보커는 남성용 속옷을 의미하는 말로 사용되었고, 20세기 초반에 들어 여성용 속옷을 의미하는 말로도 사용되기 시작했다. 오늘날은 물론 여성용 속옷을 의미한다_옮긴이).

독자 여러분은 전국적인 베스트셀러에서 지독한 풍자 대상으로 전락하는 꼴을 당하고 나면 아무리 열의를 쏟던 일도 어느 정도는 시들해질 것 같다고 생각할 수 있겠다. 하지만 친애하는 독자 여러분, 그게 바로 핀타드와 여러분의 차이다. 핀타드의 열의는 풍자 따위로 절대 식지 않았다. 게다가 『뉴욕의 역사』의 풍자가… 그렇게까지 지독한 것도 아니었다. 오히려 아주 신사적이었다고나 할까. 위대한 러시아 작가 세르게이 니콜라예비치 불가코프Sergei Nikolaevich Bulgakov는 언젠가 풍자란 사랑하는 것만을 대상으로 해야 한다고 말한 적이 있다. 그런 의미에서 어빙은 뉴욕 역사 협회를 진정으로 사랑했던 것 같다. 분명 책을 출간한 이후에도 협회를 탈퇴하지 않고 계속 회원 자격을 유지했기 때문이다.

핀타드는 성 니콜라스 캠페인을 멈추지 않았다. 이듬해 전 국민이 아직 그를 조롱하며 즐거워하는 가운데 핀타드는 선물의 성인 성 니콜라스에게 찬사를 보내는 시를 담은 팸플릿을 제작해 뿌렸다. 팸플릿 위쪽에는 엄격해 보이는 주교의 그림이 있었는데, 그 옆으로 벽난로에 목이 긴 신발 두 짝이 걸려 있는 모습이 보였다. 네덜란드의 전통에는 거의 언제나 이런 신발이 등장했다. 하지만 이 그림 속 신발은 축 늘어져서 마치 긴 양말처럼 보였다.

이 시점에서 어빙은 풍자의 고삐를 다시 조이기로 작정했다. 일찍이 『뉴욕의 역사』를 써서 핀타드를 조롱했고, 조롱을 담은 그 책은 베스트셀러가 되었다. 그런데도 아직 핀타드는 태도를 굽히지 않았던 것이다. 어빙은 풍자를 배가했다. 『뉴욕의 역사』 수정판을 출간한 것이다. 새로 낸 책에서 그는 산타클로스에 관해 더욱 우스꽝스러운 주장을 펼쳤다.

여전히 괴짜 역사가를 가장하고 다음과 같은 이야기를 덧붙인 것이다.

뉴욕이 아직 네덜란드의 식민지였던 시절, 성 니콜라스의 날 밤 벽난로에 양말을 걸어두는 그 경건한 의식이 시작되었고, 이 의식은 여전히 우리 유서 깊은 가족들 사이에서 신성한 의무로 경건하게 준수되고 있다. 그 양말은 아침마다 기적처럼 선물로 가득 차 있었다. 선한 성 니콜라스는 특히 어린이들에게 선물을 많이 주는 사람이기 때문이었다.

이 대목이 크리스마스 양말을 최초로 언급한 부분이다. 사실은 농담이다. 물론 존 핀타드를 조롱하기 위해 쓴 구절이었다. 다음 구절을 더 보자.

그리고 현자 올로프Oloffe(17세기 네덜란드의 철학자, 신학자, 시인이다_옮긴이)는 꿈을 꾸었다. 오, 놀랍지 않은가! 성 니콜라스가 해마다 어린이들에게 줄 선물을 실은 마차를 타고 나무 위로 날아오고 있었다.

위의 대목이 산타의 수송 수단을 최초로 언급한 부분이다. 이 역시 농담이다. 존 핀타드를 놀리는 짓궂은 농담.

… 요즘과 같은 물질만능주의와 타락의 시대에 그분은 우리에게 당신의 빛나는 얼굴을 비추시지 않으며 우리를 찾아와주시지도 않는다. 일 년에 단 하룻밤만 예외다. 그때 그분은 족장 후손들의 굴뚝으로 덜커덕거리며 내려와 부모들이 타락했다는 표시로 아이들에게만 선물을 나눠주신다.

위의 대목은 산타가 굴뚝으로 내려온다는 아이디어를 최초로 언급한 부분이다. 당연히 농담이다. 존 핀타드를 조롱하기 위한 구절. 이런 대목들은 결코, 한 번도, 단 한 번도 진지한 의도로 쓰인 적이 없다.

그러나 이 조롱은 즉시 진지하게 받아들여졌다.

뉴욕 사람들은 『뉴욕의 역사』 초판 못지않게 재판도 즐겨 읽었다. 그 이후로 뉴욕에서 산타클로스는 하늘을 날아다니며 굴뚝을 통해 집으로 내려와 벽난로에 걸어놓은 양말에 선물을 넣어두곤 했다. 여기 참으로 아름다운 역설이 있다. 이 전쟁에서 결국 승리를 거둔 사람은 어빙이 아니라 핀타드였던 것이다. 자신을 풍자의 대상으로 삼든 말든 태평스럽게 캠페인을 지속했던 핀타드는 결국 산타클로스를 뉴요커들의 마음 한가운데 심는 데 성공했다. 어빙은 조롱하고 또 조롱했다. 하지만 어느 사이엔가 그의 조롱은 더는 조롱이 아니라 아이들에게 들려주는 진실이 되어버렸다.

산타클로스 이야기는 아직 완성되지 않았다. 그가 아이들에게 선물을 나눠주는 날짜는 아직 12월 5일 성 니콜라스 축일 이브였고, 그의 마차를 끄는 동물은 순록이 아닌 말이었기 때문이다.

✳ 순록The Reindeer(reindeer는 사슴이 아니라 정확하게는 순록이다. 순록도 사슴과 동물이어서 비슷한 데가 많지만, 결정적으로 순록은 추운 지역에서만 서식한다_옮긴이)

산타가 어떻게 순록을 얻게 되었는지는 아무도 모른다. 네덜란드 사람들은 언제나 신타 클라스(산타클로스)가 스페인에 살았다(그리고 지금도 살고 있다)고 믿었다. 핀타드는 자식들에게 산타클로스는 네덜란드 사람으로, 해마다 배를 타고 대서양을 건넌다고 말했다. 핀타드 역시 동시대 다른 사람들과 마찬가지로 북극에 대한 지식이 부족했다(북극 발견은 10세기에 이루어졌다고 하지만, 과학적으로 제대로 알려진 것은 1926년 노르웨이의 탐험가 로알 아문센Roald Amundsen의 탐험 이후였다_옮긴이). 우리가 실제로 알고 있는 건 산타가 뉴욕에서 순록을 얻었다는 것이 전부다.

1821년 뉴욕 브로드웨이에서 간행되던 『어린이의 친구Children's Friend』라는 잡지에 익명의 시 한 편이 실렸다. 여기까지는 특별할 게 없다. 당시 성 니콜라스와 관련된 이야기라면 아직 인기가 있었다. 인기를 끈 지 10년 정도 접어들면서 나름대로 전통도 생겨서, 가령 말이 끄는 마차가 하늘을 날아다니는 것 같은 이야기는 이미 유명했다. 그런 의미에서 이 시가 다음과 같은 구절로 시작했다는 것은 참 희한한 일이었다.

기쁨에 가득 찬 산타클로스 할아버지가
꽁꽁 언 밤에 순록을 몰고
굴뚝을 넘고 눈길을 달려

해마다 너에게 선물을 가져다주시네.

Old Santeclaus with much delight

His reindeer drives this frosty night,

O'erchimney-tops, and tracks of snow,

To bring his yearly gifts to you.

갑자기 웬 순록? 도대체 왜 그랬을까? 뉴욕에 순록이라곤 없다. 뉴욕 근처 어디에도 순록은 없다. 순록은 북유럽에서도 저 위쪽에서만 서식하는, 잘 알려지지도 않은 동물이다. 하지만 저렇게 순록을 언급하는 시가 버젓이 등장하고 삽화까지 그려지면서, 산타는 자신의 썰매를 끌고 으스대며 달리는 순록(루돌프를 의미한다_옮긴이)까지 갖게 되었다. 마차가 아니라, **썰매**다.

이렇게 해서 산타의 수송 수단이 확정되었다. 하지만 날짜가 아직 틀렸다. 산타는 아직 성 니콜라스 축일 이브인 12월 5일에 선물을 날랐다. 대체 언제부터 산타는 크리스마스 전날에 도착하기 시작했을까? 이 질문에 답하려면 「크리스마스 전날 밤Twas the Night Before Christmas」이라는 시를 살펴봐야 한다.

클레멘트 클라크 무어

「크리스마스 전날 밤」이라는 시의 제목이 처음부터 「크리스마스 전날 밤」이었던 것은 아니다. '크리스마스 전날 밤'이라는 문구는 그저 이 시의 첫 행일 뿐이었다. 원래 시의 정식 제목은 「성 니콜라스의 방문A Visit from St Nicholas」이다. 시를 지은 인물은 클레멘트 클라크 무어Clement Clarke Moore로, 역시 뉴욕 역사 협회 회원이었다.

무어에게는 뉴욕 외곽의 시골에 첼시Chelsea라는 이름의 아름다운 영지가 있었다. 뉴욕이 팽창하면서 첼시는 개발 예정지가 되었고, 무어는 첼시라 불리는 시의 일부 구역을 소유하게 되었다. 이 개발로 그는 어디에 써야 할지 모를 정도로 많은 돈을 벌었다. 그래서 신학대학을 하나 세운 다음, 스스로 교수가 되었다. 그리고 고대 히브리어에 대한 방대한 사전을 집필했다. 하지만 사람들이 그를 기억하는 것은 사전을 집필했기 때문이 아니다. 그는 진지하게 시를 썼고, 발표도 많이 했다. 그렇다고 그가 시인이라서 기억되는 것도 아니다. 그의 시는 대체로 시답다고 할 수 없는 것들이라, 한 세기가 지나며 거의 절판되었다.✳ 절판되지 않고 남아 있는 그의 유일한 시는 그나마 그가 출간을 원치 않았던 것이다. 1822년 두 딸을 위해 쓴 동요로, 현대적인 산타의 원형이 제시된 작품이다.

❄ ·················

정말 끔찍하다. 다음 시의 첫 부분을 보라.

오, 신성한 자매들아, 이 노래는 그대들을 위한 것이 아니라오./그대들은 지상의 리라(고대의 현악기_옮긴이)에서 연주되는 음악을 귀담아듣지 않을 테니./아무리 부드러운 사이렌(노래로 사람을 홀리는 요괴_옮긴이)의 노래도/천상의 합창을 고대하는 그대들의 귀에는 헛되이 울릴 것이니.

(혹여라도 독자 여러분이 잘 모르실까 싶어서) 시의 핵심을 말해보자면(사실은 미국에서 가장 유명한 크리스마스 시 중 하나로, 매년 크리스마스이브에 수많은 가정에서 낭독된다_옮긴이), 한 가정의 아버지가 크리스마스이브에 막 잠자리에 들려다가 밖에서 나는 소리를 듣고 창밖을 보니, 어떤 사람이 작은 순록 여덟 마리가 끄는 작은 썰매를 타고 날아와 집 앞에 당도하고 있었다는 내용이다.

나는 순식간에 그가 성 니콜라스임을 알아보았어.

그의 준마(駿馬)들(순록들을 가리킨다_옮긴이)은 독수리보다 훨씬 빠르게 날아왔고,

니콜라스는 휘파람을 불고 고함치며 그들의 이름을 일일이 불러댔지.

"달려! 대셔Dasher! 달려! 댄서Dancer! 서둘러! 프랜서Prancer와 빅센Vixen!

오! 좀 더 달려봐! 코멧Comet! 달려! 큐피드Cupid! 전속력으로! 돈더Donder와 블릿젠Blitzen!"

이렇게 해서 순록 여덟 마리의 이름이 최초로 등장했다. 신학교수가 순록들의 이름을 무에서 창조한 것이다.

성 니콜라스는 굴뚝을 타고 집으로 내려온다. 그는 쾌활해 보이는 요정으로, 배불뚝이에 함박웃음을 지으며 파이프 담배를 피운다. 어딘가 어빙의 산타와 닮은 데가 있어 보인다. 하지만 체중 문제

가 있다. 이제부터 양말은 벽난로 옆에 둔다. 핀타드가 콕 집어서 그렇게 말했기 때문이다.

그러곤 양말마다 선물을 가득 채우고, 홱 몸을 돌렸다.
그러곤 손가락을 코 옆에 댄 다음
고개를 끄덕이며 굴뚝을 타고 올랐다.

손가락을 코 옆에 댄다는 디테일은 무어가 아니라 워싱턴 어빙의 『뉴욕의 역사』에서 가져온 것이다.

성 니콜라스는 파이프 담배를 피우고 나자, 그것을 모자 띠에 꼬아서 넣고, 코 옆에 손가락을 대고선, 깜짝 놀라 있는 반 코틀란트 Van Kortlandt(16~17세기 네덜란드의 탐험가, 상인, 지도 제작자_옮긴이)에게 아주 의미심장한 눈빛을 보냈다…

하지만 무어는 내용에 변형을 가했다. 우선 그는 날짜를 크리스마스이브로 바꿨다. 그리고 산타를 아주 친절한 사람으로 만들었다. 그때까지 산타에겐 양면이 존재했다. 착한 아이들에게는 선물을 가져다주었지만, 나쁜 아이들에게는 두들겨 팰 회초리를 가져다주는 인물이었다. 이번에는 그렇지 않았다.

썰매를 몰고 사라지기 전에 성 니콜라스가 큰 소리로 외치는 소릴

들었어 ─

"여러분 모두, 즐거운 크리스마스, 모두 잘 자요."

회초리도, 나쁜 아이도 더는 없었다. 1822년, 산타클로스는 모두가 즐겁고 행복한 크리스마스를 보내야 하는 것으로 결정했다.

클레멘트 클라크 무어는 자기 시가 탐탁지 않았던 것 같다. 시를 익명으로 출간한 것도 아마 그런 이유에서였으리라 추측하고 있다. 하지만 이 시는 출간 즉시 엄청난 인기를 끌며, 해마다 수도 없이 많은 잡지에서 인쇄와 재인쇄를 거듭했다. 그것도 몇십 년 동안이나. 결국 무어는 자신이 이 시를 썼다는 사실을 인정하고, 자신의 시집에도 이 시를 수록했다. 무어는 자신의 네덜란드 출신 정원사에게서 많은 영감을 받았다고 말했지만, 그것이 사실인지는 아무도 확신하지 못한다.

✳ 산타클로스의 집은 어디일까

아주 오랫동안 산타클로스의 주소지를 확신하는 사람은 전혀 없어 보였다. 스페인에서 살았던 적도 있고, 네덜란드에서도, 독일에서도 살았다. 보통 산타클로스는 이런저런 도시의 이름 없는 거리, 이름 없는 집에서 거주했다. 그러다 1869년 그는 마침내 북극으로 이사를 했다. 드디어 쉴 만한 장소를 찾게 된 순록들에게는 몹시 안

심되는 조치였을 것이다.

산타클로스의 이사는 조지 웹스터George Webster라는 사람이 쓴 「산타클로스와 그의 선물Santa Claus andHis Works」이라는, 믿을 수 없을 만큼 지루한 시에 등장한다. 시는 끔찍하지만, 시가 묘사하는 광경만큼은 훌륭하다. 아동용 도서에서는 어차피 그림이 중요하니까. 웹스터의 이사 관련 아이디어가 바로 유행했던 것은 아니다. 1875년까지도 소설가 마크 트웨인Mark Twain은 딸에게 산타가 달에 있는 성 니콜라스 궁전에 살고 있다고 말해줬으니까.

산타에게 영구적인 주소가 필요했던 건 본인이나 순록뿐 아니라 우편제도 때문이었다. 이때 즈음 어린이들이 산타클로스에게 편지를 쓰기 시작했는데, 편지를 보내려면 주소가 필요했다. 얼마 되지 않아 모두들 그 주소가 북극이라는 데서 생각의 일치를 보았다.

그랬다가 다시 모두가 의심에 빠졌다. 성 니콜라스의 시신이 관광 산업을 촉진하기 위해 옮겨졌듯이, 오늘날에는 그린란드, 핀란드, 미국 뉴욕주 노스폴North Pole(북극이란 의미다_옮긴이), 알래스카주 노스폴 모두 산타클로스의 진짜 집의 지위를 두고 경합을 벌이고 있다. 모조리 관광 산업 덕분이다. 나는 이 도시 중 가본 곳이 한 곳도 없지만, 핀란드의 로바니에미Rovaniemi라는 곳만큼은 가보고 싶다. 그곳에선 산타 체험 행사의 일환으로 순록 고기를 먹을 수 있다.

🌟 산타가 산타를 잡아먹다

어느 날 미국의 산타클로스가 잉글랜드에 와서 파더 크리스마스 Father Christmas를 잡아먹었다. 좀 괴상한 이야기로 들리겠지만, 파더 크리스마스는 산타와는 완전히 다른 사람이라는 데 유념해야 한다. 최소한 산타에게 잡아먹히기 전까지는 그랬다.

파더 크리스마스는 잉글랜드 사람이었다. 그는 14세기 후반 찬송가에 처음 언급되었고, 그 후엔 여기저기서 툭툭 튀어나오곤 했다. 하지만 파더 크리스마스는 순록이 없었고, 사람들이 밤에 양말을 잘 걸어두고 있는지 살펴본답시고 몰래 집 안에 들어오는 법도 없었다. 그는 그저 크리스마스 시즌을 의인화한 상징일 뿐이었다.

추운 날씨를 잭 프로스트Jack Frost라 하고, 미국을 엉클 샘Uncle Sam이라 부르며, 죽음을 사신(死神)이라 의인화해 부르는 것과 마찬가지로 파더 크리스마스도 그저 우화적인 인물에 지나지 않았다. 그는 크리스마스를 상징했다. 따라서 잉글랜드 사람들은 자신들이 원하는 대로 그를 묘사했었다. 심지어 다른 이름으로 부르기까지 했다. 1634년 한 가면극✻에서 그는 자신을 이렇게 소개했다.

크리스마스, 내가 옛날 크리스마스? 런던의 크리스마스, 캡틴 크리스마스라고? … 그들은 나를 들여보내지 않았어. 나더러 다음

✻ 가면극은 연극과 비슷하지만, 연극과 달리 지루하다.

에 오래! 일 년에 한 번밖에 올 수 없다는 걸 뻔히 알면서 말이야. 이것 봐, 나는 위험한 사람이 아니고, 그래서 나는 경비대 친구들에게 말했어. 나는 옛 그레고리 크리스마스이고, 포프스 헤드 골목Popes-Head-Alley(런던에서 매춘과 기타 악덕으로 유명했던 장소다_옮긴이) 출신이지만, 내 교구 사람들 못지않게 착한 개신교도라니까…

파더 크리스마스가 자신이 착한 개신교도라고까지 강하게 말한 이유는 크리스마스라는 건 죄다 가톨릭 구교도의 헛소리라는 오랜 거부감이 존재했기 때문이었다. 실제로 이후 대략 20년이 지나고 청교도 혁명에 성공한 청교도들은 잉글랜드에서 크리스마스를 아예 금지시켜버렸다. 사람들은 폭동을 일으켰고, (동시에) 풍자 팸플릿을 써서 금지 조치에 저항했다. 이러한 팸플릿들은 참 깔끔하고 외우기 쉬운 제목으로 발표되었다(저자가 비꼬는 말. 사실은 어마어마하게 길고 지저분한 제목이었다_옮긴이). 가령 아래의 팸플릿 제목을 보라.

지난 성 토마스 축일에 크리스마스가 어떻게 기소되어, 유죄 판결을 받고 구금되었는지, 그리고 그가 어쩌다 휴일 동안 허옇게 센 머리칼과 수염을 창문의 창살 사이에 남기고 탈옥했는지에 관한 사연. 그리고 크리스마스를 잡으려는 추적, 옥스퍼드의 학자 우드콕Woodcock 씨가 런던의 악의에 찬 어느 귀부인Malignant Lady(크리스마스를 금지하고자 하는 청교도 여성을 가리킨다_옮긴이)에게 보내는 편지. 그리고 그 여성과 추적자 사이에 크리스마스를 두고 오간 다양한 글들.

크리스마스가 자신의 목숨을 구하기 위해 얼마나 많은 노력을 해야 했는지, 그를 감옥으로 다시 잡아오기 위해 얼마나 큰 소란이 있었는지. 기타 다양한 재미있는 이야기들. 사이먼 민스드 파이Simon Minc'd Pye가 시슬리 플럼 포리지Cissely Plum- Porridge에게 의뢰하여 출판한 책으로, 랄프 피들러Ralph Fidler라는 양초 제조업자가 머스터드 길에 있는 브로운 스트리트에서 판매한다. 1645년 출간.

이런 팸플릿들에는 대단히 간단명료한 제목뿐 아니라 그레고리 크리스마스라는 인물(영국식 파더 크리스마스의 다른 버전_옮긴이)에 관한 묘사도 담겨 있다. 이러한 묘사는 이후 크리스마스를 그리는 표준이 되었다. 그레고리 크리스마스는 흰 수염을 단 노인(크리스마스는 오래되었으니까)으로, 살집도 있고, 유쾌하다(크리스마스에는 많은 음식과 술을 먹고 마시니까). 심지어 그를 섹시하다고 묘사하는 대목도 있다.

음탕한 여자들이 그에게 홀딱 빠져 있었다. 그는 여성들이 새 옷과 모자와 손수건, 그 밖에 훌륭한 보석 같은 사치스러운 물건들을 갖도록 도와줬다. 그것들이 모조리 그가 등에 멘 자루에 있었기 때문이다. 자루에는 온갖 종류의 물건이 잔뜩 들어 있었다. 그 중에는 그가 자신에게 필요한 물건을 얻는 데 쓰려고, 여자들과 사는 남편의 지갑에서 빼온 귀중품도 있었다.

하지만 파더 크리스마스가 선물을 준다는 내용이 들어 있는 부분

은 위의 구절이 유일하다. 적어도 내가 찾아본 바로는 그렇다. 게다가 그의 선물이란 게 반드시 크리스마스에 주는 선물을 가리키는 건 아니다. 잉글랜드 사람들은 크리스마스에 선물을 주는 법이 좀처럼 없기 때문이다. 이들은 산타가 마을에 도착할 때까지 기다렸다가 새해 첫날에 선물을 줬다.

미국의 산타클로스가 잉글랜드에 당도한 것은 1860년대쯤이었다. 그러곤 이내 그 가련한 그레고리 C(Christmas의 C를 말한다_옮긴이)를 잡아먹었다. 산타는 미국의 수출품이었다. 책과 이야기와 그림 형태를 띤 온갖 크리스마스 전통도 덤으로 따라왔다. 참 희한하게도, 내 생각에는 산타야말로 미국이 수출한 최초의 위대한 문화상품이다. 재즈, 할리우드, 로큰롤, 치즈버거를 100년 안에 모두 경험한 요즘, 우리는 미국이 전 세계 문화 패권을 장악한 국가라는 생각에 익숙해져 있다. 하지만 19세기 세계 문화를 좌지우지하던 나라는 영국이었다. 산타가 역습을 가해올 때까지는 그랬다.

19세기 소설가 찰스 디킨스에게는 딸이 여럿 있었는데, 그중 한

명은 1840년대 어릴 적에 크리스마스이브가 올 때마다 장난감 가게에 가서 소소한 물건을 고를 수 있었던 일을 회고했다. 하지만 새해 전날 집에 선물이 산처럼 쌓여 있어도 자정이 되어야만 풀어볼 수 있었다. 그런데 1860년대쯤이면 모든 게 바뀐다. 산타는 이제 잉글랜드의 집집마다 찾아왔고 그날은 미국에서와 마찬가지로 크리스마스이브였다.

불쌍하고 늙은 파더 크리스마스는 어떻게 되었냐고? 글쎄, 잉글랜드인들은 그의 이름을 보존하긴 했다. 하지만 그걸로 끝이었다. 여기서 한 가지만 덧붙이고자 한다. 우리는 산타를 쇼핑에 데려갔다 (산타를 쇼핑에 이용했다는 의미다_옮긴이). 1888년 동런던에 있는 J. P. 로버츠 백화점에서 산타의 집이 최초로 베일을 벗고 그 모습을 드러냈다. 희한한 일이지만, 산타가 마침내 파트너를 만난 곳도 백화점이었다.

🌟 코카콜라

여기서 잠깐 살펴보고 갈 이야기가 하나 있다. 우리에게 익숙한 차림의 산타, 빨갛고 하얀 옷을 차려입은 산타클로스는 코카콜라 때문에 생겨났다는 이야기다. 이 이야기는 사실이 아니다. 간단한 이야기다. 미국 청량음료 제조사의 광고만 대충 훑어보더라도 산타에게 빨갛고 하얀 복장을 착용하도록 한 게 코카콜라가 아니라는 사실은 뻔히 알 수 있다. 화이트 록White Rock 진저에일은 코카콜라가 산타를 이용하기 10년 전인 1923년에 시작된 캠페인에서 이미 오늘날과 똑같이 빨갛고 하얀 옷차림의 산타를 제시했다. 하지만 산타가 그런 옷을 입은 건 그보다도 훨씬 오래전부터다. 19세기 묘사만 봐도 알 수 있다. 궁금하면 토마스 내스트Thomas Nast(미국 카툰의 아버지라 불리는 인물로, 남북전쟁 때부터 30년 넘게 산타클로스를 그렸다_옮긴이)의 그림을 보라. 심지어 뉴욕 역사 협회에서 1837년 의뢰해 그린 그림에서도 산타가 흰색 모피 장식이 달린 빨간 옷을 입고 있는 모습을 찾아볼 수 있다. 논란의 여지 없이 확실하다.

✴ 루돌프

산타는 눈덩이 커지듯 커진다. 세월이 갈수록 산타에 관한 이야기가 풍성해진다는 말이다. 작가들은 누가 되었든 산타의 삶에 어떤 세부사항이건 마음대로 보탤 수 있었다. 남은 내용도 있고 사라진 내용도 있다. 1850년 루이자 메이 올컷Louisa May Alcott(『작은 아씨들』로 유명한 미국 작가다_옮긴이)은 한 단편 소설에서 산타의 요정들에 관한 이야기를 썼는데, 이 내용은 남아 있다(『요정들의 제화공The Elves' Shoemaker』이라는 작품으로, 친절한 요정들이 아이들이 크리스마스에 행복하길 바라며 열심히 일한다는 내용이다_옮긴이). 19세기 후반에는 산타클로스의 아내에 관한 이야기가 여럿 존재했다. 그녀는 지금까지도 이따금 등장하는데, 뭐 그다지 금실 좋은 부부처럼 보이지는 않는다. 그러나 가장 성공적인 이야기는 간단한 마케팅 전략에서 등장했다.

시카고에 있었던 몽고메리 워드 백화점에서는 크리스마스 판촉 활동으로 고객이 물건을 살 때마다 색칠용 그림책을 무료로 나눠줬다. 백화점은 늘 이 그림책을 외주 제작했다. 그러다 1939년에는 자체 제작을 결정하고, 한 카피라이터에게 스토리를 짜오라고 지시했다.

카피라이터의 이름은 로버트 L. 메이Robert L. May였다. 그는 크리스마스와 동물을 어떻게든 연관시켜 이야기를 짜보라는 지시를 받았다. 메이가 유대인이었다는 사실에 신경을 쓴 사람은 없었던 것 같다(유대교는 유일신 야훼를 믿고, 예수 그리스도를 믿지 않는다. 그래서 유대인은 종교적 관점에서 크리스마스를 기념하지 않는다_옮긴이). 그는 일을 시작했고 시의 형식으로 이야기를 쓰기 시작했다. 이 부분에서 설명이 좀 필요할 것 같다. 대부분의 사람은 그의 노래만 알고 있는데 사실 그가 쓴 시와 노래는 다소 차이가 있다.

이야기의 소재는 루돌프다. 평범한 꼬마 순록이지만 북극에 **살고 있지는 않다**. 루돌프가 사는 곳은 (이건 쓰기가 좀 망설여지지만) 평범한 순록 마을이다. 하지만 루돌프는 다른 꼬마 순록들 사이에서 인기가 하나도 없다. 루돌프의 코가 반짝반짝 빛나는 탓이다. 그 때문에 루돌프는 몹시 슬프지만, 크리스마스가 다가오고 있고 산타가 자기한테 선물을 주리라 생각하며 기운을 낸다.

그런데 산타에게 문제가 생겼다. 하필 그해 크리스마스이브에 안개가 짙게 끼었던 것이었다. 산타는 길을 헤맸고, 그러다 보니 시간이 많이 지체되었다. 도무지 하룻밤 만에 선물을 다 나눠주지 못할 것 같았다. 그러던 중 평범한 순록 마을에 사는 어느 꼬마의 방에 들어가게 되었다. 침대에서 한 줄기 빛이 새어 나오고 있었다. 루돌프의 방이었다. 그는 루돌프를 깨워서 안개등의 역할을 맡아줄 수 없겠느냐고 부탁했다. 루돌프는 승낙했다. 이렇듯 새로 찾아낸 조명의 도움을 받아 산타는 해 뜰 녘까지 선물을 나눠주는 과제를 간신히 마칠 수 있었다. 루돌프가 순록 마을로 다시 돌아왔을 때 마을에 있던 순록들은 분명히 보았다. 순록 세계의 슈퍼스타인 다른 순록 여덟 마리와 왕따인 루돌프가 땅에 사뿐히 내려앉는 모습을 말이다. 모두들 깊은 인상을 받았다(루돌프에 관한 노래에는 루돌프가 평범한 마을에 산다는 내용이나 산타의 선물을 기다리며 따돌림을 참았다는 등의 이야기는 없다_옮긴이).

이야기책은 발간 즉시 선풍적인 인기를 누리며 베스트셀러가 되었다. 6년이 지난 후 메이의 처남이 이 내용을 기반으로 노래를 썼다. 그 이후로 산타의 썰매는 아홉 마리 순록이 끌게 되었다.

하지만 루돌프가 다른 순록들에게 왜 따돌림을 당했는지 설명하는 좀 더 그럴듯하고 과학적인 이론이 있다. 자세히 살펴보면 알 수 있듯이 루돌프는 성전환 순록이다. 최초의 그림을 보면 크리스마스의 루돌프에겐 뿔이 달려 있다. 그런데 수컷 순록은 겨울철에 뿔이 빠진다. 그러니 크리스마스에 뿔이 있을 리가 없다. 그런데 몽고메리 워드 백화점의 색칠용 그림책에 처음 그려졌을 때부터 루돌프는 뿔을 다 갖고 있었다. 루돌프는 자기 이름과 달리 암놈이 된 것이다(순록의 경우 수놈의 뿔은 겨울에 빠지고 다시 자라지만 암놈의 뿔은 유지된다고 한다_옮긴이).

크리스마스는 왜?

✴ 마무리

　엄하고 진중했던 13세기의 성인이 북극에서 날아와 선물을 뿌리는 유쾌한 뚱보 할아버지로 변모한 과정을 살펴봤다. 미라의 성 니콜라스를 위해 간단한 음식과 술을 밖에 내놓는 이유를 살펴볼 차례다(크리스마스 전날 밤, 아이들은 선물을 바라면서, 성 니콜라스에게 선물에 대한 감사의 표시로 음식과 술을 함께 내놓는다_옮긴이). 뭐니 뭐니 해도 음식과 술은 크리스마스의 본질이니까. 아닌 게 아니라 칼로리와 관련된 음식과 술의 역사도 쓸 수 있겠다.

6장

크리스마스 만찬

크리스마스는 엄청나게 많은 고기를 먹어치우며 우리 주 예수 그리스도께서 인간의 모습으로 태어나신 위대한 신비를 경축하는 날이다(영어의 'incarnation'은 말 그대로는 '육화(고기가 됨)'의 의미이므로, 고기를 먹어치운다는 말과 대조를 이루며 섬뜩하게 아이러니한 느낌을 준다_옮긴이). 크리스마스에 고기를 먹어치우는 행위는 서로 꽤 어울린다. 원래 '육화'를 의미하는 'incarnation'과 '육식'을 의미하는 'carnivore'는 어원적으로 거의 같은 낱말이기 때문이다. 이들은 모두 '살'을 의미하는 라틴어 낱말 'carnis'에서 왔다. incarnation은 '살 안으로into flesh'라는 뜻이고("말씀이 육신이 되어 우리 가운데 사셨다. 우리는 그분의 영광을 보았다." 요한복음 1장 14절의 말씀이다_옮긴이), carnivore는 '살을 먹는다'라는 뜻이 있는 낱말이다. carnis는 '살의carnal'와 '납골당 같은charnel'이라는 낱말의 어근이기도 하다. 'charnel'이 '납골당 같은'이라는 뜻이 된 이유는, 납골당에는 죽은 지 얼마 되지 않아 아직 살이 많이 남아 있는 시신이 가득하기 때문이다.

　도대체 왜 이런 고기 타령이냐고? 글쎄, 우선 요즘은 예전의 크리스마스 때보다 먹을 고기가 훨씬 적어졌기 때문이다. 둘째, 크리스마스 시즌은 고기를 먹는 때이기 때문이다. 하느님께서 정하신 일이다. 적어도 유럽에서는 그렇다. 아마 오스트레일리아에 대해서는 하느님이 다른 계획이 있지 않으셨나 싶다(그 계획이 무엇이었는지는 아무도 모른다).✳

　먼 옛날에는 사람들 누구나 농사를 지었다.✳✳ 여름철에는 해가 비칠 동안 건초를 만들었다. 수확 철이 되면 씨 뿌렸던 것들을 수확했다. 그리고 11월까지 들판에서 가축을 쳤다. 이때부터는 가축을 먹일 풀이 충분히 자라지 않았으므로 가축을 헛간으로 끌고 가 건초를 먹었다. 모든 가축이 이런 호사를 누릴 수는 없었다. 건초가 귀했기 때문이다. 따라서 11월 중반이 되면 겨우내 건초를 먹여 살릴 동

✳⋯⋯⋯⋯⋯⋯

이 책에서 오스트레일리아의 크리스마스를 다소 도외시했다는 생각이 들어 죄송하다. 내 기억이 틀리지 않는다면, 서문에서 크리스마스와 하지가 한 해 중 정반대인 두 절기라고 넌지시 말했던 것 같다. 물론 이런 이야기를 들은 오스트레일리아 사람들은 기분이 나빠져서 야유를 퍼부을 수도 있다(오스트레일리아 사람들은 자기들의 문화와 관습에 자부심을 지니고 있으므로 북반구 사람들이 자신들과 정반대라고 보는 시각에 대해 비판적일 수 있다는 의미다_옮긴이). 문제는 1886년에 발간된 『오스트레일리아 크리스마스 모음Australian Christmas Collection』도 "오스트레일리아 원주민들은 태양이 찬란하게 빛나는 땅에 살고, 향기로운 공기를 마시며, 쾌적한 하늘을 바라본다. 부모 세대의 진짜 크리스마스라는 통념은 오스트레일리아에서 태어나고 자란 세대들의 생각과는 다르다. 부모들의 기억은 황량한 바람과 겨울 폭풍 등과 관련되어 있다. … 하지만 새로운 세대는 그런 크리스마스를 이해할 수도 없고, 좋아하지도 않는다"라고 말하고 있다는 점이다. 그래서 젊은 사람들은 크리스마스를 '건강에 좋은 여행'이나 '장거리 보트 여행'을 즐기며 보낸다.

✳✳

이 장에서 논하는 모든 사실은 다소 일반화한 것들임을 미리 밝혀둔다.

물과 오늘 당장 죽일 동물을 결정해야 했다. 예로부터 전해져 내려오는 이야기에 따르면 핼러윈Halloween의 유래는 이렇다.

핼러윈이 되면 도살할 때가 닥치고,
그때부터 농부들의 잔치가 시작된다.
At Hallowtide slaughter time entreth in
And then doth the husbandmen's feasting begin.

　여기서 'husbandmen'은 그냥 농부라는 의미다. 겨울이 다가오면 농부가 할 일이라곤 그리 많지 않다. 곡물은 곡물 저장고에 두었고, 가축들은 헛간에 있다. 자, 이제 겨울을 어떻게 보낼까? 사냥은 가능하다. 주변에는 아직도 새가 널려 있다. 게다가 옛날 사람들은 오늘날보다 새를 훨씬 더 많이 먹었다. 종달새, 도요새, 물떼새 등의 조류는 흔한 먹거리였다. 박싱 데이Boxing Day(크리스마스 다음 날(12월 26일)을 가리키는 말이다. 많은 영연방 국가에서 이날을 크리스마스와 함께 휴일로 정하여 성탄 연휴로 지낸다_옮긴이)에 굴뚝새를 사냥하는 풍습이 있었던 적도 있다. 사실, 영국인들이 절대로 사냥하지 않았던 새는 울새robin밖에 없다. 울새를 죽이면 불운이 찾아온다고들 믿었기 때문이다. 전래 동요에도 그런 내용이 있을 정도였다. 그래서 영국 울새들은 다른 곳의 울새들과 다르게 진화했다. 유럽 대륙의 울새는 대단히 낮가림이 심한 새로 알려져 있다. 반면 영국의 울새는 사람들을 두려워하는 법이라고는 없어서 농사일이나 정원일을 하는 이들을 귀찮게 굴 정도다.

우리 생각으로는 (하지만 증명할 수 없어 확신할 수는 없지만) 영국을 제외한 모든 곳에서는 울새가 사냥을 당했고, 영국에서는 그렇지 않았기 때문인 듯하다. 사냥을 당한 새들은 사람들을 피하는 쪽으로 진화가 이루어지고 당하지 않은 새들은 사람을 두려워하지 않는 쪽으로 진화가 이루어지도록 만든 자연선택의 결과인 셈이다.

그건 그렇고, 울새의 가슴이 붉은색을 띠는 이유는 이렇다(역시 과학적으로 확신할 수 있는 이야기는 아니다). 마리아가 추운 마구간에서 예수를 낳던 중 몸을 덜덜 떨고 있는데 그나마 간신히 피워놓았던 작은 불꽃마저 꺼져가고 있었다. 마침 그때 우리 상냥한 울새가 마리아가 힘들어하는 모습을 보고 날아와서는 불 위를 맴맴 돌며 꺼져가는 불꽃을 살려내고 아기 예수를 따뜻하게 해줬다. 그러는 과정에서 울새는 불에 가슴을 데었고 그때 빨개진 가슴이 오늘날까지 빨갛게 남아 있다는 이야기가 있다. 뭐, 어디까지나 이야기니까.

어쨌든 당시의 규칙은, 울새가 아닌 새는 무엇이건 잡을 수 있었다는 것이다. 실제로도 새들은 만만한 사냥감이었고 무지막지하게 잡혔다. 12월은 조류 대학살의 시기였다. 1747년부터는 고기로 만든 러시아 인형(마트료시카를 말한다. 마트료시카는 러시아의 대표적인 전통 공예품인 목제 인형이다. 몸체는 상하로 분리되고, 인형 안에 크기가 더 작은 인형이 3~5개 반복되어 들어 있는 구조를 하고 있다_옮긴이)처럼, 커다란 칠면조 안에 거위를 가득 채우고, 거위엔 닭을 가득 채우고, 닭엔 비둘기를, 비둘기에는 자고새(꿩과의 새_옮긴이)를 가득 채워 넣는 음식을 만드는 요리법이 있었다. 물론 크리스마스 요리다. 뭔가 떠오르는 게 있는가? 노래라고? 어떤

노래? 크리스마스 노래? 가장 큰 새로 시작해서 가장 작은 자고새로
끝나는 노래가 떠오르는가? 1780년에 발표된 그 노래?

크리스마스 일곱째 날 나의 진정한 사랑이 내게 보내준 것은,

헤엄치고 있는 일곱 마리의 백조,

알을 낳고 있는 여섯 마리의 거위,

금반지 다섯 개,

네 마리 울음새calling birds(colly bird라는 검은 새black bird가 있다. 수놈은 까
만색에 부리만 노랗고 암놈은 몸과 부리가 갈색인 새다. 이 말이 변형되어 calling bird
라는 단어가 만들어진 것이라는 설이 있다. 그래서 그냥 울음새라고 번역했다_옮긴이),

프랑스산 암탉 세 마리,

산비둘기 두 마리,

배나무에 앉은 자고새 한 마리라네.

On the seventh day of Christmas my true

love sent to me:

Seven swans a-swimming,

Six geese a-laying,

Five gold rings,

Four calling birds,

Three French hens,

Two turtle doves,

And a partridge in a pear tree

그런데… (여러분이 투덜거리는 소리가 들린다.) 뜬금없이 금반지 다섯 개는 뭐냐고? 글쎄, '금반지'는 실제 금반지라기보다는 목에 고리 무늬가 있는 꿩이었음이 확실하다. 당시에는 이 새를 그렇게 부르기도 했으니까. '금'은 날개에 있는 색깔이거나 암컷의 깃털 색깔이었을 수 있다. 또 '반지'는 울새ring-bills, 울음새ring-birds, 까치ring-blackbirds, 멧새ring-buntings, 도요새ring-dotterels, 비둘기ring-pigeons, 도요물떼새ring-plovers, 참새ring-sparrows, 찌르레기ring-thrushes를 가리켰을 수도 있다. 이렇게 '반지'라고 불리던 새들은 정말 많았다. 그리고 맥락을 고려하면 크리스마스 일곱 번째 날의 선물은 새가 주종이므로 '반지' 역시 새라고 보는 편이 합리적이다(「12일의 크리스마스12 Days of Christmas」는 12월 25일부터 1월 6일까지 크리스마스 12일의 기간을 소재로 한 캐럴이다. 매일 하나씩 선물이 추가되는 내용을 담고 있는데 위에 인용한 부분은 일곱 번째 날에 관한 내용을 담고 있다_옮긴이).

그렇다 치더라도… (여러분이 '으음…' 하고 못내 불만을 터뜨리는 소리가 들린다.) 배나무는 또 왜 뜬금없이 등장하는가? 배나무는 도대체 거기서 뭘 하고 있나? 글쎄, 이 노래를 진지하게 연구해본 사람들은 거의 모두 한목소리로, 배나무pear tree는 프랑스어로 '자고새'를 의미하는 'partridge'라는 낱말이 변형된 것이라고 말한다. 그렇다면 결국 이 노래는 프랑스에서 만들어졌다고 봐야 할 것 같다. 영국의 자고새는 보통 나무에 앉지 않는 데 반해 프랑스의 붉은다리자고새는 나무에 앉기 때문이다.

물론 이 노래가 특정 요리법에 기반을 두고 만들어졌는지는 불확실하다. 하지만 새를 큰 놈에서 작은 놈 순서로 배열한 것을 보면 노랫말이 요리법에 기반을 두었다는 주장에 설득력이 꽤 생긴다.

자, 이제 역사로 다시 돌아가 생각해보자. 크리스마스 시즌이고 여러분은 옛날 농부다. 저장고는 고기로 가득 차 있고, 할 일도 별로 없다. 채식주의자에겐 악몽이다. 고기는 일 년 중 대부분의 시기에 사치스러운 음식이었지만 지금 이 시즌만큼은 흔해 빠졌다. 17세기에 나온 『뛰어난 요리사The Accomplish't Cook』라는 책이 있다. 크리스마스 만찬으로 내놓아야 하는 음식들을 분명히 밝혀놓았다.

돼지머리를 삶아 누른 편육Collar of brawn

양 골수를 끓인 국Stewed broth of mutton marrow bones

큰 샐러드A grand salad

거세한 수탉 수프A pottage of caponets

소스에 끓인 송아지 가슴살A breast of veal in a stoffado

삶은 자고새A boiled partridge

소 등심 로스트A chine of beef, or sirloin roast

다진 고기와 과일로 만든 파이Minced pies

안초비(멸치과의 생선_옮긴이) 소스와 함께 제공되는 양고기 다리 살

A jigot of mutton with anchovy sauce

송아지 내장으로 만든 요리A made dish of sweetbread

백조구이A swan roast

사슴고기 파이A pasty of venison

배에 푸딩을 넣은 새끼 염소A kid with a pudding in his belly

스테이크 파이A steak pie

사슴고기 허벅살 로스트A haunch of venison roasted

정향을 넣은 칠면조구이A turkey roast and stuck with cloves

얇은 페이스트리 반죽에 담은 닭고기A made dish of chicken in puff

pastry

두 마리 기러기구이, 한 마리는 돼지기름을 넣어서 만듦Two brant

geese roasted, one larded

커스터드A custard(달걀노른자, 우유 등을 넣어 만든 크림의 일종으로 디저트에

사용된다_옮긴이)

이 정도가 첫 번째 코스였다. 두 번째 코스는 메추라기, 여섯 마리의 길들인 비둘기six tame pigeons(왜 하필 길들인 놈들을 써야 했는지는 알 수 없다. 어차피 죽은 놈들인데, 길이 들고 안 들고 무슨 상관이란 말인가?), 그리고 총 세 마리의 칠면조가 포함되며 훨씬 더 규모가 컸다. 고기는 어디에나 있었다.

그럼 채식주의자들은 어떡하라고? 문제가 약간 복잡하다. 가장

간결한 해결방안으로는 견과류가 있다. 견과류는 보관성도 좋고 크리스마스에 주로 먹는 음식 중 하나다. 하지만 불행하게도, 당시엔 과일이 많지 않았고, 있어도 말린 과일만 있었다. 바로 그런 이유로, (심지어 비행기가 날아다니는 현대를 사는) 우리도 크리스마스에는 말린 과일을 먹는 것이다. 이 말린 과일 대부분은 스페인이나 다른 남부 지방에서 수입되었기 때문에 건포도는 고기와 달리 사치품으로 격상되었으므로 잘난 척하는 사람들이나 사는 음식이었다. 하지만 잘난 척하지 않는 사람이 드물지 않나.

　이런 음식 중 일부는 실제로 (부자들에게) 인기가 있었다. 특히 십자군 전쟁 때 그랬다. 당시엔 (부유한) 사람들이 성지를 되찾는답시고 중동까지 가서 싸우며 우스꽝스러운 동지중해 음식 취향이나 습득해서 돌아오곤 했다. 이름만 보아도 그 기원을 알 수 있는 음식들이 아직도 남아 있다. 건포도currant는 한때 그리스의 코린트Corinthe에서 수입되었기 때문에 '코린트의 건포도'라는 의미의 프랑스어 'raisin de Corauntz'에서 유래했다. 씨 없는 건포도sultana는 기술적으로 따지자면 술탄sultan의 아내를 가리키는 이름이기도 하지만, 튀르키예 건포도queen raisin라는 뜻도 있다. 여기서 'queen'은 크기도 크고 맛도 있다고 붙이는 말이다. 중국산 왕양배추가 'king cabbage'라고 불리는 것과 같은 이치다. 자두는 쉽게 건조해서 자두 푸딩에 넣을 수 있다. 이 자두 푸딩이 크리스마스 푸딩의 원조다. 물론 이 푸딩에는 건포도도 들어 있다. 이러한 음식은 부자들만 살 수 있었지만, 가난한 사람도 동양의 음식을 먹을 수는 있었다.

귀족들은 크리스마스 시즌만큼은 가난한 사람들에게 집을 개방하고 이들을 위해 급조한 고기 가득한 환상적인 음식을 대접해야 했다. 아마 이때 먹는 식사가 가난한 사람에게는 한 해를 통틀어 가장 잘 먹는 한 끼였을 것이다. 그 옛날 크리스마스에 대한 낭만적이고 이상화된 이야기처럼 들릴 수도 있다. 하지만 이런 풍습은 실제로 있었고, 중요한 행사이기도 했다. 워낙 중요한 행사여서 제임스 1세는 귀족들에게 크리스마스 때 런던에 머무는 걸 금지했을 정도다. 귀족들은 할 수 없이 지방에 있는 영지로 돌아가서 주민들에게 근사한 축제를 베풀어야 했다. 귀족과 지역 주민 사이의 사회적 결속이 이 행사에 달려 있다는 인식이 있었기 때문이다.

마을 사람들도 한 해 중 이 시기를 매우 즐겼고, 와세일링wassiling 과 가이징guizing을 하며 동네를 돌아다녔다. 와세일링이란 커다란 양동이를 들고 집집마다 돌아다니며 양동이에 술을 가득 채우라고 요구하는 것이다. 가이징도 비슷하지만, 가면을 쓴다는 점만 다르다. 가이징은 사실 '가장하기disguising'의 줄임말이었다. 'guizer'는 런던 사투리 '놈geezer'이라는 낱말의 기원이다. 사과나무를 때리는 풍습도 있었는데, 왜 이런 풍습이 있었는지 이유는 모른다. 어쨌든 이 풍습은 대체로 '트릭 또는 트릿trcik or treat'(핼러윈에 아이들이 집집마다 돌아다니며 'trick or treat'이라고 외치면서 사탕이나 간식을 얻는 풍습을 말한다_옮긴이)과 유사하다. 일단 (1) 대단히 재미있었고, (2) 한 해 중 유일하게 마을 사람들이 귀족과 동등하게 즐길 수 있는 놀이였다. 심지어 귀족과 평민이 역할을 서로 바꾸기도 했다. 귀족들은 일종의 사회자 격으로 장난꾸러기 영주Lord of Misrule를 선출했다. 평민 중에서 뽑힌 이 사회자는 크리스마스가 진행되는 12일 동안 일어나는 모든 일을 책임졌다. 그는 귀족들과 그들의 하인들에게 무엇을 해야 할지 명령하거나 지시할 수 있었고, 재미있는 장난으로 놀려먹기도 하고, 귀족이 자신을 위해 춤추게 만들 수도 있었다. 물론 현명한 장난꾸러기 영주는 실제로 어떤 편이 자기에게 유리한지 알고 있어서, 권력자들이 불쾌해하지 않도록 조심하며 장난을 쳤다. 중요한 것은 농부들이 한 해에 한 주 정도 귀족 노릇을 하는데, 이를 통해 나머지 51주는 귀족이 아닌 상태로 지내는 데 만족해야 했다는 점이다. 카를 마르크스Karl Marx는 이를 낱말 하나로 요약해 설명한 적이 있는데, 그게 뭔지 기억이 나지 않는다(마르크스 용어로는 '허위의식false consciousness'이라고 한다. 허위의식은 체제에 억압을 받는 사람들이 그 체제가 자신에게 가장 이익이 된다고 믿게 되는 방식이다. 농부들은 봉건 제도에 억압받고 있지만, 일 년에 한 번 한 주 동안 자신이 귀족 역할을 하며 이 체제가 공정하다고 스스로를 속이는 것이다. 이러한 허위의식이야말로 지배계급이 권력을 유지하는 수단이 된다_옮긴이).

따라서 튜더 왕조 시대(1485~1603년, 헨리 7세에서 엘리자베스 1세까지의 시기로 이때 영국이 강력한 유럽 열강으로 등장했고, 르네상스와 종교개혁이 완수되었다_옮긴이)의 크리스마스는 기본적으로 12일 동안 계속되는 커다란 규모의 파티로, 가난한 사람들이 배불리 잘 먹고, 농부는 영주 흉내를 내고, 모든 사람이 반쯤은 사이코패스처럼 제정신이 아닌 상태에서 새들을 상대로 성전을 벌이듯, 미친 듯이 새를 잡아먹었던 행사였다. 그 이후, 이 책에서 정말 자주 언급했고 앞으로도 하겠지만, 청교도가 등장했다.

찰스 1세의 처형은 여기서는 논의할 맥락이 아니므로 차치하기로 하고(영국 내전English Civil War에서 승리를 거둔 청교도는 1649년 찰스 1세를 처형했다_옮긴이), 청교도는 크리스마스를 금지했다. 갑자기 금지한 것은 아니고 서서히 없앴다. 1644년 이들은 그달 마지막 수요일이 크리스마스라는 사실을 알게 되었다.＊ 그런데 수요일은 금식의 날이어야 했으므로, 크리스마스는 기념해도 좋지만, 어떤 음식도 먹어서는 안 된다는 명령을 내렸다. 이들은 크리스마스가 다른 날과 같은 평일이라고 주장하며 더 강하게 밀어붙여서 국회의원들에게는 크리스마스에도 의회를 열게 했다.＊＊ 그리고 1647년에는 크리스마스가 속죄의 날이 되어야 한다고 선포했고, 1652년에는 아예 크리스마스와 관련된 모든 걸 금지했다.

＊
1장의 계산자와 5장의 미라의 성 니콜라스를 보라.
＊＊
5장의 필그림 파더스를 보라.

사람들은 폭동을 일으켰다. 정부가 어떤 결정을 내리건 크리스마스 금지는 다수 국민의 지지를 얻기가 힘들었다. 폭동을 일으킨 주요 세력은 가난한 사람들이었다. 이들에겐 한 해 한 번 영주의 집에서 먹는 한 끼의 만찬이 무엇보다 소중했기 때문이다. 결국, 제임스 1세는 옳았고(제임스 1세는 청교도들을 위험하다고 생각하여 박해했다_옮긴이), 찰스 1세는 틀렸다(찰스 1세는 결국 청교도에게 굴복했다_옮긴이). 크리스마스는 이후 8년간 공식적으로 불법이었다.

그래도 크리스마스는 완전히 파괴되지 않고 살아남았다. 파괴는 불가능했다. 크리스마스 금지령을 포함해서 뭔가를 금지할 때, 사실 그 모든 금지는 공적인 조치에 지나지 않는다. 사람들은 그날 상점 문을 닫고 집에 고기를 쌓아놓고 풍족한 식사를 즐길 수 있었고, 실제로도 그렇게 했다. 하지만 크리스마스가 커다란 타격을 받은 건 사실이다. 크롬웰Oliver Cromwell(청교도 혁명의 우두머리_옮긴이)은 이렇게 말했다.

… 런던과 웨스트민스터 시내 곳곳에서 크리스마스라고 불리는 날을 의도적으로 열심히 기념하려고 상점들이 모두 문을 닫았습니다. 크리스마스를 지지하는 일부 사람들의 경멸받아 마땅한 연설도 있었습니다. 의회는 이 일들이 미신과 우상숭배라는 기반에서 이뤄지고 있으며, 또 현재의 법과 정부에 대한 경멸을 드러내 보인다고 생각합니다. 그래서 저는 의회를 움직여 이 낡아빠진 미신을 폐지하고 처벌하기 위한 조례와 벌칙을 고려하도록 하는 게 적절하다고 생각합니다. …

크리스마스는 거의 10년 동안 금지되었다가 1660년 왕정복고와 더불어 부활했다. 살아남긴 했지만 이미 내상을 크게 입은 후였다. 튜더 왕조 시대의 풍성했던 축제의 모습은 완전히 사라져서, 그 이후의 역사가들은 고대 잉글랜드의 크리스마스 풍습을 좋았던 옛날로 기억했다. 이들이 완전히 틀린 것도 아니다. 보통은 조국 스코틀랜드에 대해 감상적이었던 월터 스콧Walter Scott(스코틀랜드의 소설가, 낭만주의 시대에 가장 인기 있던 작가, 스코틀랜드의 국민 시인으로 불린다_옮긴이)은 스코틀랜드뿐 아니라 이제는 사라진 잉글랜드의 크리스마스를 이야기하면서도 한껏 감상에 젖었다.

잉글랜드는 즐거운merry 잉글랜드였다,
옛 크리스마스가 그 즐거운 활동을 다시 가져다주었던 때,
크리스마스 땐 도수 높은 맥주를 따라 마셨다,

크리스마스 땐 가장 즐거운 이야기들을 나누었다.
크리스마스 노래는 가난한 사람의 마음을
일 년 중 절반 정도는 기쁘게 만들 수 있었다.

크리스마스는 이제 기운을 잃고 절뚝거렸다. 18세기 초반엔 잠깐 다시 살아나는 듯했다. 하지만 어느 날 모든 사람이 갑자기 농장을 버리고 도시로 이주하기로 작정했다. 그렇게 산업혁명과 찰스 디킨스가 태어났고, 크리스마스는 죽었다.

시즌도 아닌데 일찌감치 세워진 크리스마스트리가 언짢고, 상점에서 들리는 노래라곤 머라이어 캐리Mariah Carey의 「올 아이 원트 포 크리스마스 이즈 유All I Want for Christmas Is You」밖에 없어 지겹고, 주위엔 온통 즐거운 아이들과 성난 어른들로 가득한 상황에 짜증 난 스크루지 영감이라면 19세기 초반은 정말 만족스러운 시대였을 것이다. 1790년에서 1835년까지 45년 중 20년간 영국의 『더 타임스』에서는 크리스마스라는 낱말을 아예 찾아볼 수 없었다. 전혀. 아예. 제로.

구조적인 문제였다. 이제는 사람들이 들판이 아닌 공장에서 일하고 있었고, 공장은 12월 25일에도 여느 날과 마찬가지로 잘 돌아갔다. 게으른 농부들의 시대는 이미 사라져버렸다. 게다가 도시에서는 크리스마스 활동을 제대로 즐기기도 힘들었다. 작은 마을에서라면 술에 거나하게 취한 친구가 가면을 쓰고 현관문을 두드리며 술을 내놓으라고 고함을 질러도 재미있고 즐거운 일로 받아들일 수 있었다. 도시에서는 그런 행동을 주택 침입 강도질이라고 부른다.

물론 음식이야 먹었다. 하지만 종달새와 오리는 예전만큼 먹지 않았다. 1823년 한 프랑스인은 말했다. "왕의 식탁이건, 돈을 긁어 모아야만 간신히 그럴듯한 저녁을 먹을 수 있는 신분 미천한 기능공의 식탁이건, 이 나라 전체에서 소고기구이와 자두 푸딩이 빠진 크리스마스 만찬을 차린 집은 한 집도 없을 것이다." 소고기와 자두 푸딩이라고? 아니, 종달새와 굴뚝새는 어디로 갔단 말인가?

이따금씩 가면을 쓰고 돌아다니는 사람도 있긴 했다. 뉴욕 사람들은 칼리텀피언 밴드kalithumpian bands(원래는 인도 남부에서 전통적인 춤과 노래를 공연하는 음악가들이었다_옮긴이)를 만들기도 했다. 기본적으로는 부자 동네를 관통해서 행진하는 가난한 사람들의 무리를 가리키는 말이었다. 행진 중에는 냄비를 두들기거나 호루라기를 불어 소음을 냈다. 부유한 사람들은 두려워 집 밖으로 나가지 않았고, 그것도 모자라 보안 요원을 고용하기도 했다.

하지만 이제 모든 사람이 도시에 살기 시작하면서, 사람들은 무언가 중요한 걸 잃었다는 생각을 떨치지 못했다. 빅토리아 시대 잉글랜드는 세계를 얻었지만, 정작 중요한 뿌리는 잃었다는 생각에 빠져 있었다. 즐거움에 넘치던 자작농은, 귀족 영주는, 그 옛날 물건들은 다 어디로 갔는가? 그리고 무엇보다 크리스마스는 어디로 갔는가? 1836년 찰스 디킨스는 이렇게 썼다. "사람들은 여러분에게 크리스마스가 자기한테는 옛날과 다르다고 말한다." 사실이 그랬다.

따라서 모든 사람이 자리에 앉아 머리를 짜내다 결국 결론을 내렸다. 크리스마스는 항상 마을 공동체 주변에 있었지만, 이제 그들에게는 마을 공동체라는 게 없으니, 지금부터 크리스마스의 중심은 집, 가정, 벽난로, 그리고 무엇보다도 아이들이 되어야 한다는 결론이었다. 집 밖을 나가지 않고도 크리스마스를 축하할 수 있다. 계시를 방불케 하는 대단한 깨달음이었다. 크리스마스에서 가장 중요한 것은 가족이다. 모두가 집에 모여 함께 둘러앉아서 훌륭한 고기를 나눠 먹는 게 바로 크리스마스다. 가난하면 소고기를 먹으면 되고, 중간계급이라면 거위를 먹고, 넉넉하다면 칠면조를 먹으면 될 일이다.✳

친애하는 독자 여러분, 드디어 찰스 디킨스의『크리스마스캐럴』에 대해 이야기하지 않을 수 없는 때가 온 것 같다. 우선 이 소설은 내가 이제껏 이야기했던 내용을 잘 요약하고 있다. 그리고 크리스마스 역사를 쓰는 사람이라면 누구나 당연히 이 책을 언급해야 한다. 따라서 여섯 개의 요점을 빠르게 살펴보기로 하자.

1. 스크루지는 도시에서 일하고 있는 모든 사람을 대변한다. 그러한 까닭에 그가 실제로 어떤 일을 하는지는 언급되지 않는다. 여러분은 그를 빈민 지역 임대주 또는 사채업자라고 생각할 수도 있

✳ ⋯⋯⋯⋯⋯⋯

칠면조는 아프리카가 원산지이면서도 영어로 'turkey'라고 불리게 된 이유는, 영국인들이 마다가스카르로부터 튀르키예를 경유해서 수입되었던 완전히 다른 조류와 칠면조를 헷갈렸기 때문이다. 프랑스인들도 마찬가지여서, 칠면조의 원산지가 인도라고 생각했다. 그래서 지금도 프랑스에서 칠면조는 '인도에서 가져온'이라는 의미의 'dinde'라고 불린다. 이 모든 이야기는 나의 책『걸어 다니는 어원 사전The Etymologicon』에 실려 있다.

다. 사실 책 마지막 부분에 빚에 대한 언급이 조금 나오기도 하지만, 디킨스는 명확하게 밝히지 않았다(그가 어떤 확실한 직업을 갖고 있었다는 확신이 든다면, 그건 아마 여러분이 인형이 등장하는 영화 버전을 보았기 때문일 것이다).

2. 시작 부분에서 스크루지는 밥 크래칫Bob Cratchit에게 하루 휴가를 줘야 해서 '매년 12월 25일마다 주머니에서 돈을 털리는 셈'이라고 불평한다. 옛날 크리스마스에서 느낄 수 있던 과거 시골의 한갓진 모습과 달리, 도시 노동자들은 일 년 내내 바쁘게 일할 수 있기 때문이다. 12일간의 여유는 이제 사라지고 없다.

3. 그때 과거의 크리스마스 유령이 나타나 스크루지를 시골에서 보낸 어린 시절로 데리고 간다. 스크루지는 시골이라는 과거와 도시라는 현재를 함께 가지고 있는 전형적인 빅토리아 시대 사람이기 때문이다.

4. 스크루지가 아직 젊은이였을 때의 페지윅Fezziwig 파티로 시간을 거슬러 가보면, 지금과는 달리 크리스마스가 무척 재미있는 날이었다는 것을 알 수 있다.

5. 현재의 크리스마스 유령이 스크루지에게 가난한 밥 크래칫이 거위를 먹을 계획임을 보여준다. 그는 또 스크루지에게 모든 훌륭한 크리스마스는 집 안에서 보내는 크리스마스라는 것도 보여준다. 크래칫네 가족이든, 스크루지의 조카딸이든 황무지의 광부든 등대지기든, 가족과 친구들과 함께 보내는 크리스마스가 최고다(물론 등대지기는 어쩔 수 없이 집 밖에서 크리스마스를 보내야 하고, 그래서 남들만

큼 즐거울 수 없다는 데 동의하는 바다).

6. 스크루지가 삶의 태도를 바꾸면서, 그는 가장 먼저 밥 크래칫에게 칠면조를 사준다. 칠면조는 거위보다 훨씬 맛있고 비싸기 때문이다.

자세히 보면 크리스마스 선물도 없고, 크리스마스트리도 없고, 산타클로스도 없다. 배경이 1843년 잉글랜드이다 보니, 아직 이런 것들이 대중화되지 않았던 시기와 장소였기 때문이다.

방울다다기양배추Brussels Sprout도 없다.

방울다다기양배추는 일라이자 액턴Eliza Acton이 1845년에 쓴 요리책『현대 가정 요리법Modern Cookery for Private Families』에 처음 등장한다. 버터에 구워 먹어야 하는 음식이다. 나는 이렇게 먹어봤지만, 여러분에게 권할 생각은 없다. 방울다다기양배추는 호불호가 분명한 음식이다. 하지만 이 양배추가 대표적인 크리스마스 음식이 된 중요한 이유는, 이 식물이 겨울에 자라나고, 실제로 서리가 내린 다음 수확한 것이 맛이 더 좋기 때문이다. 이해할 수 없는 생물학적인 이유로 얼음 때문에 단맛이 더해진다고 한다.

1840년대 크리스마스 크래커가 들어오면서 웃을 일이라곤 하나도 없었던 크리스마스가 활기를 띠기 시작했다. 크리스마스 크래커는 처음엔 그저 신기한 종류의 사탕이었다. 그런데 이 사탕은 포장되어 있었다. 이것만 해도 그 지루한 시절엔 대단한 발명이라 할 수 있었다. 이 포장은 한 프랑스인이 발명했는데, 좀 예쁘긴 하지만,

별 의미가 있는 건 아니었다(프랑스인들이 그렇지 뭐). 어쨌든 그는 사탕 포장지에 미약한 폭발물을 부착해서 두 사람이 양쪽 끝을 잡고 끌어당기면 작은 폭발이 일어나도록 하자는 아이디어를 냈다. 크래커 봉봉이라 불리던 이 상품이 처음 등장한 것은 1841년이었고, 발명은 1847년에 되었다.

처음 등장한 게 1841년인데 발명은 1847년이라니, 무슨 그런 계보가 있느냐는 의문이 들 수 있다. 나도 그랬다. 하지만 토머스 스미스Thomas Smith라는 사람은 자신이 크리스마스 크래커를 발명한 건 1847년이 틀림없다며 고집을 굽히지 않았다. 심지어 그에겐 이 발명과 관련된 사랑스러운 이야기도 있었다. 어느 날 (케이크 상점을 운영하던) 그는 사탕 포장지를 생각하며 난롯가에 앉아 있었다. 바로 그때 장작이 불에 타서 빡 하고 깨지는 소리crack가 들렸다. 바로 그 순간, 그에게는 새 아이디어가 떠올랐다. 그리하여…

그는 최소한 6년 전부터 시장에서 팔리던 물건을 '발명'하는 데 성공했다. 그런 게 어떻게 가능하냐고 반문하는 사람도 있다. 냉소적인 사람들은 케이크 상점을 운영하던 사람이라면 동종 업계에서 이미 여러 해 동안 돌아다니던 물건에 대해 몰랐을 리가 없다고 말한다. 이번만큼은 냉소주의자들의 입장에 크게 동의하는 바다.

사실 토머스 스미스가 한 일이라곤 포장지 속 사탕을 없애버린 것뿐이었다. 예전에는 크래커 안에는 음식이 가득 들어 있었지만, 이제는 사랑의 시가 담긴 똘똘 말린 종이가 들어 있었다. 나중에는 시 대신 시시껄렁한 농담이 적힌 종이였다. 토머스 스미스의 장기는 사실 물건 판촉이었다(자기가 발명품을 어떻게 발명했는지를 놓고 터무니없는 이야기를 꾸며내는 것 역시 그의 장기였다). 그는 봉봉 크래커를 크리스마스에 반드시 먹어야 하는 크리스마스 크래커로 만들었다.

사실 봉봉 크래커는 이전에는 크리스마스 코사크cossaques(러시아 군인들과 총에서 딴 이름)라는 이름으로 불렸지만, 몇 년 후 대표적인 크리스마스 크래커로 자리 잡으며 이름도 크리스마스 크래커가 되었다. 어쨌든 스미스는 신기한 사탕을 크리스마스와 처음으로 연관시킨 사람이다. 그리고 그는 사탕 포장지가 기막히기만 하다면, 사탕 따위는 없어도 된다는 걸 처음으로 깨달은 사람이기도 했다. 그의 아들 월터Walter는 포장 안에 종이 왕관을 집어넣자는 아이디어를 제시했다. 회사는 성장하고, 성장하고, 또 성장했다. 톰 스미스 크래커는 오늘날까지도 세계에서 가장 규모가 큰 크리스마스 크래커 제조사로 남아 있다.

많은 기묘한 것들이 크래커 안에 들어갔지만, 내가 아는 한 그린치Grinch 같은 암살자라도 크래커 안에 폭탄을 숨기려는 생각은 한 적이 없다(그린치는 미국 아동문학 작가 닥터 수스Dr. Seuss가 창조한 캐릭터인데, 크리스마스를 싫어하는 생물로 유명하다_옮긴이). 이미 기폭 장치가 있으므로 낭비가 되는 일이었기 때문이다. 1927년에는 한 젊은이가 톰 스미스 크래커 회사에 10실링 수표와 편지 한 통을 보냈다. 약혼반지도 동봉했다. 그는 크리스마스 만찬 중 연인에게 프러포즈할 수 있도록, 약혼반지를 크래커 안에 넣어달라고 회사에 요청했다. 로맨틱한 이야기다. 자신의 이름은 물론 반송 주소도 깜빡 잊고 쓰지 않았다는 점만

빼면 말이다. 오늘날까지도 이 반지는 회사에 남아 있다.✳

일단 크래커를 쪼개고, 칠면조 안에서 거위가 익고, 모든 사람이 폭식으로 배가 터져나가기 직전이 되면, 그때가 크리스마스 푸딩을 먹어야 할 때다(앞서 언급했던 말린 과일이다). 가장 오래된 크리스마스 전통이라고도 할 수 있는 시간이다. 바로 맛있는 푸딩 속에 숨겨진 6펜스 은화를 찾는 전통이다.

반짝이는 이 6펜스짜리 은화는 1551년 잉글랜드에서 처음 만들어졌고, 대략 400년 동안 생산되었다. 1947년 누군가가 이 은화가 너무 빛난다고 생각해서 그때부터는 구리와 니켈을 넣어 만들기 시작했다. 그렇지만 사람들은 여전히 이 동전을 크리스마스 푸딩 속에 감추고, 찾으면 행운이 온다고 생각하고 있다. 하지만 크리스마스 즈음 여러분의 배와 역사를 거쳐온 숨겨진 돈은 공통점을 하나 갖게 되는데, 바로 인플레이션inflation(원래 '팽창'이라는 의미를 지닌 단어다_옮긴이) 이다. 예전에 숨겨졌던 돈은 3펜스 경화였다. 그 이전에는 그냥 콩 하나를 넣어뒀다.

하지만 그 콩은 몇백 년 전만 하더라도 행운 이상의 많은 것을 가져다줬다. 일단 권력을 줬다. 푸딩에서 콩을 찾은 사람은 그 이후 하루가 끝날 때까지 주변 모든 사람에게 명령할 권한을 누렸다. 이들은 크리스마스 행사를 주관했다. 그가 당신이 춤추는 것이 보고 싶다고 하면, 당신은 춤을 춰야 했고, 노래를 듣고 싶다면, 노래해야

✳ 여러분도 이 반지의 소유권을 주장할 수 있다. 다만 1927년에 이미 성인이었다는 증명이 필요하다.

했다. 콩을 발견한 사람은 콩의 왕Bean King이었으므로 모든 사람은 그의 명령을 따라야 했다.

내가 굳이 남성에 한정해 말한 것은 눈치챘는가? 그렇다. 콩의 왕 말고도 완두콩 여왕Pea Queen도 있었기 때문이다. 그녀는 콩의 왕의 여성 버전이었다. 푸딩에는 하나의 콩과 하나의 완두콩이 있었다. 내가 이해가 가지 않는 것은, 대체 어떻게 귀신같이 남성은 콩을, 여성은 완두콩을 찾느냐는 말이다. 정말 이상하긴 하지만 어쨌든 그랬던 모양이다. 로버트 헤릭Robert Herrick(17세기의 영국 시인이자 성공회 성직자. 왕당파로, 세련된 목가시를 많이 썼다_옮긴이)은 이 콩에 관한 시를 썼다. 나로서는 이 증거면 충분하다. 로버트 헤릭은 세상 모든 시인 중에서도 가장 못난 시인이었지만, 시만큼은 정말 아름답다.

자 이제, 지금 축하 행사가 시작되었습니다.
자두로 가득 찬 케이크와 함께,
여기서 콩을 발견한 사람이 왕이 됩니다.
게다가, 우리는 알아야 합니다.
완두콩 또한
이 궁정에서 여왕으로서 기쁨을 누려야 합니다.

그럼 이제 선택을 시작합시다.
오늘 밤, 여러분이 늘 그래왔듯
누가 오늘의 즐거움이 될지,

운명에 의해 왕이 될 사람을 고르고,

누가 밤의 열두 번째 날 여왕이 될지를 선택합시다!

이제 알았다면, 우리는 만들어봅시다.

케이크와 함께 즐거운 음식을,

그리고 누구도 없어야 합니다.

술을 마시려 들지 않는 사람은,

잔 밑바닥이 보일 때까지,

여기 왕과 여왕에게 건강을 기원하며!

이제 그릇을 가득 채우십시오.

부드러운 양모를 깔고,

설탕, 육두구 열매, 생강과 함께,

맥주도 풍부하게 채우는 겁니다.

그리고 이제 당신은 해야 합니다.

와세일링(술을 잔뜩 얻기)을 미친 듯이.

그런 다음 왕에게

그리고 여왕에게도 와세일링을 하십시오,

그리고 여기서 맥주로 흠뻑 젖더라도,

여기서 떠날 때는

여기서 처음 해맑게 만났을 때처럼

유쾌하게 떠나십시오.

Now, now the mirth comes

With the cake full of plums,

Where bean's the king of the sport here;

Beside, we must know

The pea also

Must revel as queen in the court here.

Begin then to choose,

This night, as ye use,

Who shall for the present delight here;

Be a king by the lot,

And who shall not

Be Twelve-day queen for the night here!

Which known, let us make

Joy-sops with the cake;

And let not a man then be seen here,

Who unurged will not drink,

To the base from the brink,

A health to the king and the queen here!

Next crown the bowl full With gentle lamb's wool,

And sugar, nutmeg, and **ginger,**

With store of ale, too;

And this ye must do

To make the wassail a **swinger.**

Give then to the king And queen, wassailing,

And though with ale ye be wet here,

Yet part ye from hence

As free from offence

As when ye innocent met here.

혹 여러분이 의문을 제기할 수도 있으니, 먼저 말하자면, 마지막에서 두 번째 연 마지막의 'swinger'라는 낱말은 그보다 세 줄 위에 있는 'ginger'와 라임을 이룬다. 'swinge', 다시 말해 큰 소리를 내며 폭발한다니 근사하지 않은가(본문에는 다음 연을 감안하여 '미친 듯이' 정도로 옮겼다_옮긴이).

헤릭이 시에서 전하는 크리스마스 풍습은 사실 앞에서 설명한 크리스마스보다 시간상으로 훨씬 더 앞선 전통과 관련된 이야기다.✳

✳⋯⋯⋯⋯⋯⋯

사실 헤릭은 12야Twelfth Night(크리스마스 12일 중 마지막 12일째 날, 1월 6일을 뜻한다_옮긴이)를 말하고 있지만, 어쨌든 12야도 크리스마스 시즌에 속한다. 이 시는 그의 크리스마스 시 연작의 일부다. 확실하다.

이 책을 대충 읽은 분들을 위해 다시 한번 앞에 나온 내용을 이야기하자면, 12월이 시작될 즈음 튜더 왕조의 귀족들은 직급이 낮은 하인 중 하나를 장난꾸러기 영주로 임명하곤 했다. 이 친구의 역할은 대체로 콩의 왕과 비슷하지만, 그의 통치는 무려 한 달 동안 계속되었고, 심지어 예산도 있었다. 실제로, 왕이 임명하는 장난꾸러기 영주라면 상당한 예산을 쓸 수 있었다. 그는 무도회를 열 수도 있었고, 커다란 규모의 짓궂은 장난을 계획할 수도 있었다. 무엇이든 자기 마음대로 할 수 있었다. 심지어 자기 말에 불복종하는 사람은 감옥에 가둘 수도 있었다. 그런데 이런 전통은 이보다 훨씬 더 과거로 거슬러 올라간다.

유럽 전역에는 10세기부터 소년 주교들이 있었다. 이들은 그 이름에 상당하는 역할을 했다. 이들은 남자아이들, 정확히는 소년 성가대원으로, 크리스마스 시즌 한 달 동안 주교 노릇을 했다. 이들은 모두 예복을 차려입고, 미트라(주교가 의식 때 쓰는 모자_옮긴이)를 쓰고, 필요한 모든 걸 가질 수 있었다. 이들은 또 일 년 내내 명령을 내리기만 하던 모든 성인 사제들에게 명령할 수 있는 권리도 누렸다. 좀 기이한 시간이었을 것이다. 당시 이 소년 성가대원 교육의 좌우명은 'quot verba, tot verber'였는데, 대강 우리말로 옮기자면, '매질과 대화'였다. 그런데 이제 훈육하는 자와 훈육받는 자의 위상이 뒤바뀐 것이었다. 소년 주교 놀이는 워낙 여러 곳에 널리 퍼진 제도이다 보니, 일반화해서 말하긴 힘들다. 일부 지역에서는 교장이 행실이 바른 훌륭한 소년들을 선택해 소년 주교를 시켰다. 또 다른 지역에서는 소년들이 주교를 뽑아 최악의 아이들이 뽑히기도 했다. 일부 자료에 따르면 그리스도를 믿는 아이들이 소년 주교에게 축복을 받는다는 것은 아이들에게 어울리는 수준에서 깊은 진리를 가르쳐주는, 대단히 성스러우면서도 진지한 일이라고 한다. 이와 정반대로 이야기하는 자료도 있다. 세월이 한참 흐른 후 우리가 들은 소년 성가대원과 주교들과의 부적절한 관계처럼 사정을 속속들이 파악하기는 어렵다.

소년 주교가 있었다는 증거는 이미 10세기 초반에 등장한다. 그런데 이 또한 더 전부터 있던 관행에 기반을 둔 것일 수도 있다. 머리말에서 크리스마스 만찬이 거의 끝나가는 이 순간까지, 이 책 전체에 걸쳐 나는 크리스마스의 기원이 이교도 전통에 있다는 통념에 코웃음을 치고 있다. 이유는 간단하다. 일차 사료를 살펴볼 때마다 이교도 기원이라고는 찾아볼 수 없었기 때문이다. 크리스마스를 연구하는 역사학자들 사이에는 '모른다'라는 말이 '분명 이교도적이다'라는 말과 동의어라고 알고 있는 기이한 학파도 있다. 수학 시험을 볼 때 아주 흥미로운 방법일 것 같다.

그렇긴 하지만 이교도들에게 작은 조각 하나라도 던져줘야 할 것 같다. 500년이라는 시간의 차이, 그동안 유럽 전역을 여러 번에 걸쳐 강타한 야만인과 침략자의 공격, 기록 혹은 증거의 절대적 부족에도 불구하고, 크리스마스 푸딩 은화는 농신제라는 로마의 축제와 곧바로 연결될 **수도 있다**.

어디까지나 '연결될 수도 있다'는 뜻이지 '개연성이 높다'는 뜻은 아니다.

농신제는 12월 17일에서 시작하여 23일까지 계속되었다. 이 축제의 중심은 'Saturnalicius princeps', 다시 말해서 농신제의 왕이었다. 이 왕은 어느 정도는 … 추첨으로 선출되었다. 네로가 어릴 때추첨을 통해서 농신제의 왕이 되었다는 이야기를 들으면 과연 추첨 제도가 제대로 시행된 건지 좀 의심이 간다. 하지만 그 정도는 눈감아주기로 하자. 어쨌든 소년, 때로는 신분이 낮은 어른이 농신제의왕으로 선출되었다. 이들은 자기 마음대로 축제를 베풀고 무도회를열고 장난을 칠 수 있는 절대 권력이 있었다. 농신제 중 주인들은 하인들을 위해 일했다. 정상적인 질서가 뒤집혔다. 소년 주교, 장난꾸러기 왕, 콩의 왕과 완두콩의 여왕과 비슷한 구석이 많다.

내용도 유사하고 시기도 거의 같다. 이렇게 주장하는 이론의 근거는 보잘것없지만, 그렇다고 터무니없지는 않다. 크리스마스 푸딩속 동전은 2,000년도 넘은 전통에서 마지막까지 살아남은 유일한잔재일 수도 있다. 크리스마스 전통 중에서 이교도적인 기원이라고주장해도 사람들이 고개를 끄덕거릴 수 있을 만한 사례다.

이제 다시 우리의 훌륭한 옛 전통으로 돌아가보자. 푸딩에서 동전을 찾았다면, 이제 모든 사람에게 당신이 주인이 되었다고 고하라.그런 다음 그들에게 박스를 하나씩 줘야 한다. 박싱 데이에 말이다.

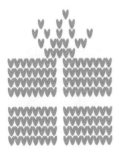

7장

박싱 데이

옛날 옛적, 크리스마스 박스라는 게 있었다. 크리스마스 박스에는 마치 돼지 저금통처럼 작고 긴 구멍이 뚫려 있어서 그 구멍으로 동전을 넣을 수 있었다. 이 박스는 교회에서 보관했는데, 역시 돼지 저금통처럼, 아무 때나 마음대로 열 수는 없었고, 완전히 부숴야만 속에 있는 걸 꺼낼 수 있었다. 박스를 완전히 파괴하는 일은 크리스마스 때 이뤄졌으므로 크리스마스 박스라는 이름이 붙었다.

크리스마스의 풍습이 다 그렇듯이 이 박스 역시 세속화 과정을 겪었다. 이 박스가 처음으로 언급된 곳은 도박장이었다. 도박장에서 고객들은 도박장을 관리하는 직원에게 팁을 남겼고 팁이 든 박스는 크리스마스에 부수도록 했다. 다른 곳들도 도박장의 선례를 따르기 시작했다. 얼마 안 가서 모든 주택마다 하인들을 위한 크리스마스 박스가 생겼다. 1634년 어떤 사람은 이런 글을 남겼다.

부유한 기독교인이 마치 크리스마스 박스처럼 산산이 조각나기 전까지는 모든 걸 받기만 하고, 아무것도 내놓지 않는 것은 참으로 창피한 일이다.

공짜 돈이 생기는 방법이라면 누구나 눈독을 들이듯이 사람들은 크리스마스 박스라는 아이디어를 적극 수용했다. 하지만 하인이 아니면서, 우리에게 서비스를 제공하는 사람은 어떨까? 여러분에게 어떤 식으로든 서비스를 제공하는 (대장장이, 목수, 배관공, 전기공, 미용사 등등의) 상인들은 자신을 고객의 하인이라고 생각할 수도 있다. 하지만 이들은 크리스마스 박스를 원하는 게 아니라, 두둑한 팁을 원한다. 도제apparentice라면 특히 이 풍습에 관심이 있었을 것이다(도제는 급여를 받지 않기에 이런 정기적인 돈이 필요한 경우가 많았다_옮긴이). 18세기 중반 이전에 이미 이러한 관행은 돈이 꽤 많이 드는 관습으로 자리 잡고 있었다. 존 필딩John Fielding 경은 이렇게 지적했다.

못을 몇 개 박아달라고 목수를 부르거나, 침대를 분해하기 위해서 가구업자를 부르거나, 부지깽이를 수리하는 데 대장장이를 부르거나, 벽에 난 구멍을 메우려 벽돌공을 부르거나 크리스마스에는 모두 도제들이 온다. 이에 더하여 빵집 주인, 정육점 주인, 양조장 주인, 식료품상인, 가금류 상인, 생선 장수, 양초 제조업자, 유리공, 곡물상인, 쓰레기 수거인, 굴뚝 청소부, 야간 경비원, 교구 경비원, 가로등 점등원, 그리고 하인footman(부유한 가정에서 집안일을 담

당하는 하인을 말한다_옮긴이)이 칼을 닦는 데 사용하는 벽돌 가루를 판
매하는 사람들까지 추가하면, 한 가정에서 크리스마스 박스를 얼
마나 마련해야 하는지 짐작이 갈 것이다.

그리고 그는 계속해서 도제들은 이 돈을 창녀들에게 쓰기 바쁘
며, 창녀들은 그 대가로 도제들에게 매독과 죽음을 선사한다고 썼
다. 어쨌든 도제들은 계속해서 찾아왔다. 매년 크리스마스가 지난
첫 번째 주일마다 왔다. 일요일은 도제들에게도 휴일이었으므로,
일요일에는 오지 않았다. 따라서 크리스마스 이후 첫 번째 주일이
박싱 데이라고 알려지게 되었다. 이 중에서도 교구 경비원이 특히
끈덕지게 팁을 요구했던 것 같다. 교구 경비원이란 교구에서 돈을
받는 일종의 경찰이었다. 『픽윅 클럽 여행기The Pickwick Papers』(찰스 디
킨스의 소설이다_옮긴이)에서 샘 웰러Sam Weller라는 등장인물은 연애편지
를 써보려 애쓴다.

"그거 시 아니군, 그렇지?" 아버지가 끼어들었다.

"네, 아니에요." 샘이 대답했다.

"그래, 아주 다행이구나," 웰러 씨가 말했다. "시는 자연스럽지 않
아. 사나이는 시를 쓰지 않는 법이다. 박싱 데이의 교구 경비원이
나, 구두약 광고Warren's blacking(당시 시로 광고하는 구두약이 있었다_옮긴
이)나, 머리에 바르는 기름 광고Rowland's oil(당시 시로 광고하는 헤어 토
닉이 있었다_옮긴이) 따위, 아니면 수준 낮은 녀석들 빼고는 말이야. 시

따위를 쓰면서 너의 수준을 떨어뜨리지 마라, 아들아."

웰러 씨라면 생각이 다를지도 모르겠지만, 하인들은 박스를 받을 자격이 있었다. 크리스마스라고 늘 그들에게 최상의 때인 건 아니었기 때문이다. 20세기 초 영국 프레스턴에는 로즈 암스트롱Rose Armstrong이라는 하녀가 있었다. 그녀의 크리스마스는 즐거움과는 거리가 멀었다.

한번은 크리스마스 무렵에 롱브리지Longbridge에 있었는데, 크리스마스가 되자 향수병에 좀 시달렸어요. 그렇죠. 뭐. 그러곤 크리스마스 저녁을 먹고, 접시를 설거지하고 그랬어요. 그러자 주인마님이 "설거지 다 끝냈니?"라고 물었어요. 제가 "네, 마님"이라고 대답하자, 마님은 "자, 거기 종이가 많이 있고 큰 바늘이랑 실이 있어. 마당으로 내려가 앉아서 가위를 가져다가 종이 몇 장을 자르고 실로 꿰매어 화장실 휴지를 만들어"라고 하셨죠. 크리스마스 날 밤에 거기 앉아서 눈물을 한 바가지는 쏟았던 것 같아요. 크리스마스 밤에, 이렇게 앉아서⋯ 종이를 자르고, 큰 바늘로 실을 꿰고, 매듭을 묶고, 고리에 묶는 일이나 한 거죠. ⋯ 화장실 변기에 앉아서요.

✳ 쇠퇴와 몰락

요즘 크리스마스는 끝나는 시점이 정확하지 않다. 예전에는 달랐다. 크리스마스는 12일 동안 내내 흥청망청 먹고 마시다가 12야(12일째 되는 날 밤)에 커다란 잔치와 연극(그래서 셰익스피어의 희극 이름이 『십이야Twelfth Night』였을 것이다)으로 정점을 찍으며 마무리되었다.

그러나 오늘날 박싱 데이(크리스마스 다음 날인 12월 26일)는 그저 새해 첫날 전 보내야 하는 불가사의한 일주일의 전주곡에 불과하다. 이 일주일 동안 오늘이 며칠인지 아는 사람은 하나도 없다. 사람들 중 절반은 출근을 하지 않고 절반은 출근을 하지만 일이 잘될 리가 없다. 남은 칠면조를 카레에 넣을 수 있나 없나 따위가 진지하게 궁금해지기 시작한다. 앞에서 살펴본 바대로 크리스마스는 원래 12일간 지속되는 휴일이었고 이제 그 분위기가 다시 돌아오고 있다. 우리는 다시 농부가 되어가고 있는 것이다.

크리스마스는 '이제 끝' 하고 끝나는 게 아니라 조금씩 사라져간다. 거실에서 크리스마스트리 역할을 했던 죽은 나무가 조금씩 장소와 어울리지 않아 보이고, 크리스마스 장식 방울이 좀 유치해 보이고, 크리스마스 노래가 싸구려로 들리는 순간이 온다. 축제가 좀 지나쳤다는 생각에 겸연쩍어진다.

칠면조는 모든 생명체가 가야만 하는 길the way of all flesh을 갔다(죽었다는 의미다. 『만물의 길The Way of All Flesh』은 영국 작가 H. G. 웰스의 대표적인 소설이다_옮긴이). 이제 다이어트가 시작된다. 이제 세상 만물 중에서 가장 잔인하며 웃음기라곤 하나도 없는 손이 나타나 즐거움, 사랑, 에그노그를 모두 치워버린다. 새해 결심이라는 무자비한 손이다.

이제는 시도 사라졌다. 크리스마스는 끝났다. 혹은 최소한 이 책이 관심을 두고 있는 크리스마스 부분은 끝났다. 열두 번째 밤Twelfth Night(1월 6일을 말한다. 주현절, 공현축일이라고도 한다_옮긴이) 전에는 모든 장식을 싸서 집어넣어야 한다. 방에 있던 장식은 다 떼고, 크리스마스트리도 집 밖 도로에 내놓아야 한다. 크리스마스는 가야 한다. 당연하면서도 적절한 말이다. 원래 크리스마스는 희한하게도 '가라, 그리스도여Go Away, Christ'라는 의미였다.

사람들은 늘 크리스마스의 진정한 의미와, 그것이 어떻게 상실되고, 잊히고, 오해받았는지 이야기한다. 하지만 크리스마스의 어원을 따지면 그 의미는 진짜 '가라, 그리스도여'다. 어원이란 그 말의 진정한 의미를 가리키는 것이므로 이것이야말로 크리스마스의 진정한 의미임에 틀림없다.

그 이유를 이해하기 위해서는 초기 기독교의 가르침을 알아야 한다. 초기 기독교에 따르면 종교에는 네 가지 수준이 있다. 첫 번째 수준은 이교도의 수준이다. 이교도가 된다는 건 나쁜 일이다. 탐욕과 방탕에 빠진다는 의미다. 탐욕과 방탕은 악하다. 따라서 이교도는 교회에 들어갈 수 없다.

두 번째 수준은 질문하는 사람 혹은 청중audientes(기독교 신앙에 대해 더 배우고 싶어 하지만 아직 기독교인이 되기로 결심하지 않은 사람들을 말한다_옮긴이)의 수준이다. 청중은 적어도 한 번은 기독교인에게 예수에 대해 묻고 관심을 표명한 사람이다. 그리고 종교에서나 우리 시대의 패키지여행에서와 마찬가지로 잠깐도 마음의 평안을 얻지 못하는 사람이다. 이제 그는 더는 이교도가 아니다. 하지만 아직 온전한 기독교인이라고도 할 수 없다. 하나님의 메일 리스트에는 올라가 있어서 메일을 계속 받고는 있다. 그는 교회에 들어갈 수는 있지만, 미사에 참석할 수는 없다.

시간이 지나면 청중은 이제 지쳐서 자신의 이름을 (기독교식으로) 바꾸고 고행을 시작하거나, 포기하고 지침을 따르겠다고 한다. 이 순간에 그는 입문자(카테쿠멘catechumen)가 된다. 이제는 미사에 올 수 있지만, 아직 전반부에만 들어올 수 있다. 설교를 듣고 기도를 할 수는 있다. 하지만 그리스도의 성체를 먹고 성혈을 마시는 등 진정 성스러운 일을 시작하기 전에, 나가라는 명령을 받는다. 그래서 미사의 이 절반 시점을 카테쿠멘의 퇴장Dismissal of the Catechumens이라고 한다(카테쿠멘은 세례와 견진을 받기 전에는 성찬례를 받을 수 없다. 카테쿠멘이 성찬례 전에 미사에서 내쫓기는 이유는 성찬례가 세례와 견진을 받은 가톨릭 신자만 받을 수 있는 신성한 신비이기 때문이다. 그리고 '퇴장dismissal'이라는 말은 '내보낸다'는 뜻에 가깝다_옮긴이).

두 해 동안의 교육, 그리고 부도덕한 짓도 악행도 재미도 전혀 없는 삶을 통과해야만 입문자는 세례를 받을 수 있다. 그때부터 그는 성찬을 받을 수 있고, 신자들의 퇴장Dismissal of the Faithful 때까지 미사에 참석할 수 있다. 미사가 끝날 때까지 교회에 머물 수 있다는 뜻이다.

여기서 정말 이상한 것은, 수많은 사람이 입문자 단계에 필요 이상으로 몇 년씩이나 더 머물렀다는 점이다. 그것도 자발적으로. 성 암브로시우스St Ambrose, 성 바실리St Basil, 성 요한 크리소스토모스 St John Chrysostom를 위시한 많은 사람이 30대가 될 때까지 세례를 미뤘다. 오늘날까지도 그 이유를 정확히 아는 사람은 없다. 누구나 최초의 기독교 황제라고 알고 있는 콘스탄티누스 대제는 임종하면서 비로소 세례를 받았다. 따라서 정확히 말하자면 그는 죽음의 심연으로 사라지기 전 몇 분 동안에만 기독교인 황제였던 셈이다.

딴 데로 샜다. 여기서 중요한 점은 '입문자를 보낸다'는 말을 라틴어로 하면 '미사 카테쿠메노룸missa catechumenorum'이었다는 것이다 (그건 그렇고, missa catechumenorum이 바로 영어 낱말 '미션, 임무mission' 의 어원이다. 누군가 여러분을 보내서 시키는 일, '미션' 말이다). 입문자를 보낸다는 뜻을 가진 '미사 카테쿠메노룸'은 예배 후반부를 가리키는 명칭이 되었다. 이후에 말이 점점 짧아져서 '미사missa'가 되었다. 그러곤 조금씩, 이 말은 예배 전체를 가리키는 기본적인 낱말이 되어갔다. 라틴어로는 'Missa', 프랑스어로는 'Messe', 영어로는

'Mass'라고 쓴다.

사실 고대 영어에서는 미사Mass를 '보내기send-ness'라고 표현하기도 했다(따라서 미사나 예배는 단순한 종교의식에 그치지 않는다. 미사는 세상으로 나가 그리스도의 증인이 되도록 신자들을 파견하는 것이다_옮긴이). 고대 기독교도들은 예수 그리스도를 '치유하는 자'라는 뜻의 'Haeland'라 불렀다. 그래서 미사라는 축제는 결국 '치유하는 자를 보내는 것Healer-Sending'으로 불렸을 수도 있다. 그랬다면 참 다정하고 멋진 이름이었을 텐데 말이다. 하지만 우리는 고대 영어 대신 '기름 부음을 받은 자the anointed one'라는 의미를 지닌 그리스어의 그리스도(그리스도christ라는 말의 그리스어 어원은 χριστός(chrīstós)다. '기름 부음을 받은 자'라는 뜻이다_옮긴이)를 받아들였다. 그리고 '여기서 나가get out of here'라는 의미의 라틴어 'missa'를 받아들였다(저자는 예수 그리스도를 치유자보다는 특권을 받은 자로 해석한 데 대해 안타까움을 표하는 듯 보인다_옮긴이).

자, 이제 가야 할 시간이다. 우리는 모두 '정상적인' 일상으로 돌아갈 수 있다. 동류 인간을 사랑하지 않고, 아이들도 배려하지 않으며, 바보 같은 크리스마스 따위는 까맣게 잊고 살아가는 그 근사한 11개월간의 일상으로.

그래도 크리스마스는 계속된다

행복하고 근사한 크리스마스, 우리를 어린 시절의 환상으로
다시 데려다주는 시절.

　　　　　　　　　　　- 찰스 디킨스, 『픽윅 클럽 여행기』

　혹시 독자 여러분은 내가 왜 다른 나라의 크리스마스에 관
해서는 아무 언급도 하지 않았는지 의아해할 수도 있다. 물론,
아주 기묘하면서도 아름다운 크리스마스 풍습을 가진 나라들
이 많다. 가령 아이슬란드에는, 영국식으로 말하면 파더 크리

스마스Father Christmas, 미국식으로 말하면 산타클로스가 무려 열세 명이나 있다(아이슬란드에서는 산타클로스보다 율라드Yule Lad라는 열세 명의 트롤이 더 유명하다. 대개 못된 짓을 하거나 장난을 치는 민담 속 괴물에서 유래하여 변형된 존재들이다_옮긴이). 이들은 창문으로 엿보는 자The Window Peeper에서 소시지 도둑The Sausage Thief에 이르기까지 기막힌 아이슬란드풍 이름을 갖고 있다. 실제로 아이들을 어르고 달래는 문제라면 단연코 아이슬란드의 시스템이 우리 시스템보다 낫다. 아이슬란드에서는 크리스마스까지 포함해서 13일 내내 선물을 주도록 되어 있기 때문에, 부모는 착하게 굴지 않으면 선물을 주지 않겠다고 아이를 위협하는 정도의 규칙을 내내 따르기만 해도 아이를 야단쳐가며 괴롭히는 사디스트 신세를 면할 수 있다. 더 정확히 말해 말을 듣지 않은 아이는 선물 대신 썩은 감자를 받는다. 물론 착하게 굴면 다음 날엔 선물을 받는다. 그 결과 14일간 가정에는 평화와 축복이 깃든다.

아니면 카탈루냐의 응가하는 통나무 '카가 티오Caga Tio'에 관한 이야기를 듣고 싶을 수도 있겠다. 카가 티오는 그야말로 통나무처럼 생긴 생물로, 크리스마스이브가 오면, 얼굴로 선물을 싸놓는다. 그런데 선물을 싸게 하려면 녀석을 마구 두들겨 패야 한다. 도대체 왜 이런 통나무가 생겨났는지 설명을 듣고 싶은 건 나도 마찬가지다.

다른 나라의 크리스마스까지 내용을 확대하지 않았던 이유는 두 가지다. 첫째, 이 책이 참을 수 없을 정도로 길어지는 걸 피하고 싶었다. 그래서 커다란 책은 커다란 악이라는 칼리마코스Callimachus(기원전 3세기경에 살았던 그리스 시인이자 학자로, 짧고 세련된 시로 유명하며, 당시 유행하던 긴 서사시를 비판한 것으로도 알려져 있다_옮긴이)의 원칙을 따르기로 했다. 둘째, 내가 모르는 구석이 많다. 물론 여기저기 찾아보면 된다. 실제로 그랬다. 영국 국립 도서관에서 1960년대에 출간된『전 세계의 크리스마스Christmas the World Over』라는 책을 읽고 노트를 정리하면서 즐거운 하루를 보내기도 했다. 예를 들어 폴란드에서는 스타맨Star Man이 선물을 가져다주는데, 교리문답을 낭송할 수 있는 아이들에게만 준다는 것도 이 책에서 처음 알았다.

그런데 바로 그날 저녁에 우연히 살아 있는 진짜 폴란드 사람을 만났다. 불행한 일이었다. 나는 책이 좋다. 책은 이해할 수 있으니까. 하지만 살아 있는 사람들은 무섭다. 특히 여성들이 두렵다. 어쨌든, 결국 나는 간신히 용기를 쥐어짜내서 폴란드 여성에게 어릴 때 누가 크리스마스 선물을 가져다줬는지를 물어봤다. 그녀는 (가장 좋게 해석해서) 희한한 걸 다 묻는다는 표정으로, (사실은 별 시답잖은 수작 다 보겠다는 식으로) 나를 쳐다보더니, 산타라고 대답했다.

"스타맨이 아니구요?" 내가 물었다.

"스타맨이 뭔데요?"

"스타맨 말이에요. 교리문답을 읊으면 선물을 가져다준다는 분이요."

"아, 영국에선 그런가요?"

"아뇨. 폴란드에서요. 책에서 읽었거든요."

그녀는 웃음을 터뜨렸다. 그러자 곁에 있던 그녀의 친구들이 죄다 웃음을 터뜨렸다. 그녀는 단 한 번도 스타맨이라는 이름을 들어본 적이 없었다. 영미권의 크리스마스는 세계 대부분의 지역과 마찬가지로 동유럽의 폴란드까지 점령한 것이다. 할리우드 영화, 노래, 그림책, 액션 피겨들은 가차 없이 다른 나라의 민속 문화를 몰아내고 있다. 내가 읽는 책에 따르면 이런 걸 두고 '세계화'라고 한다.

우리는 뭔가 특별한 걸 잃고 있는 것 같다. 크리스마스도 그 특별한 것 중 하나일 것이다. 수많은 전통이 사라지고, 새로운 전통이 그 자리에 대신 들어섰다. 완벽한 크리스마스는 어린 시절에 누린 크리스마스다. 다시는 오지 않을 것이다. 해마다 열리는 크리스마스 잔치엔 늘 뭔가 빠져 있을 것이다. 크리스마스 만찬이 차려진 식탁의 빈자리는 옛날 누군가 앉았던 자리, 지금은 없는 누군가가 앉았던 자리이리라. 그리고 언젠가는 내가 앉던 자리도 비어 있게 될 것이다. 그리고 친애하는 독자 여러분, 여러분이 앉았던 자리도 결국 비어 있게 될 것이다. 오늘 우리 곁에 앉아 있는 사람은 나이가 많고 적고를 막론하고, 언젠가 모두 자리를 비우게 될 것이다. 그래도 잔치는 계속될 것이다.

이제껏 그래왔고, 앞으로도 그럴 것이다. 만물은 사라지기 마련이다. 마치 톱으로 조금씩 썰어내듯 아주 조금씩 조금씩 사라져간다. 아이들에게 크리스마스는 받을 수 있는 온갖 것들이지만, 어른들에게 크리스마스는 상실해버린 온갖 것들이다. 찰스 디킨스에서 조지 마이클George Michael(영국의 가수이자 사회 운동가다. 그의 대표곡 「라스트 크리스마스Last Christmas」는 사랑, 상실, 추억에 관한 노래다_옮긴이)에 이르기까지 모두들 명확히 알고 있는 진실이다.

우리가 매년 진리로 알고 기념하는 것들(크리스마스는 선물을 주고받는 축제다_옮긴이)이 영원한 진리(크리스마스는 상실에 관한 모든 것이다_옮긴이)로 바뀐 다음에도, 크리스마스는 멈추지 않을 것이다. 크리스마스는 지속된다. 우리는 크리스마스가 절실히 필요하기 때문이다. 크리스마스에 주고받는 온갖 포장지 저 아래에서 우리는 뭔가 중요한 일을 하고 있기 때문이다. 무엇을 중요한 일로 선택하든 상관없다. 크리스마스의 찬란한 외양 아래에는 뭔가 근원적인 것이 존재한다. 삶에서 대부분의 것은 **말로 표현할 수 있다**. 여러분이 내게 간단한 질문을 던진다고 하자. "프랑스의 수도는 어디죠?" "마지막 기차는 언제 떠나요?" "뭐 드실래요?" 나는 차례로 파리, 자정, 위스키라고 대답할 수 있다. 하지만 그것들은 그저 싸구려 같은 표면에 불과하다. 무언가 있다. 무언가 훨씬 더 중요한 것이. 그게 무엇인지는 모르겠다. 내가 안다고 해도, 말로 그 가치를 드러낼 수 있을 것 같지는 않다. 그런 것들은 말로 표현할 수 없다. 하지만 어쨌거나 우리는 그것을 할 수는 있다. 크리스마스는 우리가 그것을 하는 때다.

감사의 말

예리한 눈과 세련된 판단으로 도움을 주신 제인 시버Jane Seeber 선생께 감사드린다. 낙원연극 관련해서 도움을 주신 그레임 던피Graeme Dunphy 교수님께도 고마움을 전한다. 브라이언 제이 존스Brian Jay Jones 선생은 어빙의 『뉴욕의 역사』의 다른 판본에 관해 친절히 설명해주셨고, 앤시어 골드스미스Anthea Goldsmith 선생은 『옛 크리스마스』 텍스트를 주셨으며, 마이클 스위프트Michael Swift 선생은 에드워드 화이트 벤슨에 대한 사실을 얘기해주셨다. 모두 감사드린다. 이 책을 훨씬 더 훌륭하게 만들어줬을, '그 이야기That Story'의 기원에 대한 탐색에 도움을 주신 폴 콘래드Paul Conrad 선생, 마틴 그라베Martin Graebe 선생과 앤절라 윌리엄스Angela Williams 선생께도 고마움을 전한다. 그 탐색이 성공했더라면 이 책은 훨씬 더 훌륭해졌을 것이다('그 이야기That Story'의 기원을 찾지 못한 듯 보인다. 본문에는 언급하지 않은 이야기라 그냥 '그 이야기'라고 표현한 것으로 생각된다_옮긴이).

옮긴이의 말

크리스마스 코르누코피아,
거짓과 진실, 그리고 상실의 이야기

연말은 올해도 어김없이 찾아든다. 하루를 챙겨 살아가는 일이 누구에게든 녹록지 않을 겨울, 살을 파고드는 칼바람에 온기를 찾아 삼삼오오 모여드는 상업 공간엔 벌써 크리스마스 분위기가 한창이다. 두둑할 리 없는 소비자의 주머니를 노리는 상술인 줄 빤히 알면서도, 산타를 고대하는 자식의 선물을 고르는 고단한 부모들의 종종걸음에 연민을 보내면서도, 크리스마스트리와 쌓아놓은 선물 틈새로 형형색색 반짝이는 따스한 불빛이 못내 싫지 않다. 싫지 않은 정도가 아니라 아예 하염없이 쳐다보고야 말게 된다. 감미로운 캐럴까지 귀에 얹힐라치면 예쁘고 쓸모없는 선물 하나 나한테 골라줘도 되지 않을까, 하고 혼자 괜스레 넉넉한 마음이 된다.

기독교인이건 아니건 크게 중요하지 않다. 외래 풍습이냐 아니냐를 따지는 것도 별 의미 없다. 눈은 와도 반갑고 안 와도 괜찮다. 사람들의 마음속에서는 이미 어린 시절부터 보고 듣고 겪었던, 혹은 그저 구경만 했던 어느 크리스마스의 추억이 슬며시 고개를 든다. 소복이 쌓일지 모를 흰 눈, 오랜만에 술잔을 부딪치는 친구들의 왁자지껄한 웃음소리, 연인들의 다정한 귀엣말, 방안에 걸어둔 양말에 깃든 꼬마들의 간절한 소망, 타닥타닥 고요히 타오르는 장작불의 온기, 사이좋은 식구끼리 나누는 정다운 담소, 이웃과 나누는 음식과 선물, 삼삼오오 자정 미사나 예배를 보러 가는 사람들, 장엄하면서도 기쁨이 넘치는 의식… 설사 경험이 아니라 영화나 텔레비전 드라마 속 장면, 카드에 그려진 상투적인 그림에 불과하다 해도 크리스마스 무렵 불빛 아래 펼쳐지는 이 따스한 풍경들은 크리스마스가 부리는 기적 같은 마법이다. 성냥팔이 소녀가 켠 성냥 한 개처럼 반짝 빛나다 혹 꺼지고 말 찰나의 마법이더라도, 숙취와 휴일 끝에 찾아드는 불안, 과식과 과소비에 대한 후회와 치워야 할 트리 장식, 하루만 지나도 이상하리만치 썰렁하게 들리는 캐럴의 뒷맛을 남기는 마법이더라도 좋다.

서양에서 전래된 기독교를 통해 들어온 풍습이라 그런지 크리스마스에 대한 한국인의 감상은 무관심하거나 종교에 매진하는 이들의 경우를 제외하면 이렇듯 비슷비슷할 것 같다. 교회나 부모가 산타클로스로 둔갑해서 건네는 반가운 선물, 반짝거리는 대형 트리, 일요일을 빼면 휴일이라고는 없는 각박한 12월에 찾아오는 반가운 하루짜리 휴식과 기분전환거리 정도의 이미지가 대개 형성되어 있다는 말이다. 아닌 게 아니라, 1897년 『독립신문』에는 "세계 만국이 이날을 일 년 중에 제일가는 명절로 여기며 모두 일을 멈추고 온종일 쉰다고 하니 우리 신문도 그날은 출근 아니 할 터이요. 이십팔 일에 다시 출판할 터이니 그리들 아시오"라는 공고문이 실렸다고 한다. 크리스마스를 휴일로 받아들인 셈이다. 아무래도 음력을 쇠면서 동지를 명절 삼아 한 해를 마무리했던 당시 조선인들에게 새로

도입된 양력의 크리스마스는 동지 비슷한 휴식의 날 역할을 했을 것이다. 거기다 음력 4월 초파일 연등을 달던 한국의 전통으로 보아 불빛으로 예수의 탄생을 축하하는 크리스마스의 풍습 역시 거부감 없이 수용되었던 것 같다. 무엇보다 선교사들이 교회에 크리스마스트리를 세우고 소학교 아이들에게 선물을 나눠주던 전통은 기독교라는 낯선 종교를 조선인들에게 전할 수 있는 좋은 기회였을 것이다. 1930년대 벌써 신문에 크리스마스 파티 광고가 실리고, 연말 주머니가 약간 더 두둑해진 월급쟁이들을 털어먹는 크리스마스이브를 성토하는 논조가 보였던 것을 보면 당시 모던 보이와 모던 걸을 통해 크리스마스 풍습은 종교와 상관없이 한국인들의 휴일 문화로 자리 잡았던 것 같다. 해방 이후 미군정 문화를 통해, 자본주의의 상품 문화를 통해 크리스마스는 오늘날 우리가 갖게 된 이미지로 굳어졌다. 겨울밤을 비추는 크리스마스트리와 십자가의 빛, 선물과 음식과 술을 나누며 떠들썩하고 즐겁게 보내는 연말의 짧지만 달콤한 휴식.

우리에겐 피상적이라면 피상적이고, 얕다면 얕은 따스한 기억 정도로 넘어가는 크리스마스가 기독교 전통을 지닌 서양인들에게는 대단한 문화이자 전승이긴 한 모양이다. 언어에 깃든 인간살이의 다채로운 사연을 펼쳐놓는 재담꾼 포사이스가 이번에는 크리스마스에 얽힌 이야기 꾸러미를 잔뜩 풀어놓는 것을 보고, 크리스마스라는 풍습이 영국과 미국, 나아가 세계화 시대 지구촌 전체에 꽤 흥미롭고 중요한 화두를 던지는 화젯거리구나 싶은 생각이 들었다. 솔직히 크리스마스에 관심이 있어서라기보다 그의 재치 넘치는 문체에 끌려 이야기를 읽다 보면 크리스마스뿐 아니라 인간사에서 축제의 의미가 무엇인지, 우리가 유서 깊은 전통으로 알고 따라왔던 수많은 관행이 얼마나 어이없는 우발적 사건의 결과인지, 그럼에도 불구하고 이 모든 사건을 통해 인류가 얻고 잃는 것들이 얼마나 의미심장한지 다시 생각해보게 된다.

일단 서두부터 굉장하다. "어떤 남자가 죽은 나무 옆에 앉아 있다. 밖은 아니고 실내다. 남자는 왕관을 쓰고 있다. 천장에는 웬 기생식물이 덩그러니 걸려 있다. 성폭행을 승인하는 나뭇가지다. 남자는 10세기 중부 유럽의 살인 희생자에 관한 노래를 혼자 흥얼거리는 중이다. 그 전에 남자는 집에 있는 자식들에게 가택침입에 관해 말해두었다. 밤사이 뚱뚱한 튀르키예 남자 하나가 집에 들어왔었다는 말이다. 물론 거짓말이다. 하지만 아이들이 행복하기를 바라서 한 말이다. 저 멀리 안데스 고원에서는 페루 남자 둘이 격투 중이다. 장난이 아니다. 진짜 심한 주먹다짐이 벌어진다." 실내의 죽은 나무는 당연히 크리스마스트리, 무려 성폭행을 승인하는 기생식물이란 건 미국 영화에 자주 등장해 연인들의 입맞춤을 종용하는 문에 걸린 장식용 겨우살이, 살인 희생자에 관한 노래는 누구나 좋아하는 크리스마스캐럴, 가택침입자는 착한 아이들에게 줄 선물을 잔뜩 지고 굴뚝으로 들어오는 반가운 손님 산타클로스다. 게다가 안데스 고원의 격투기? 이쯤 되면 이게 뭔 소리인지 궁금해서 읽지 않고는 배길 재간이 없을 것이다!

십자가에 못 박힌 거대한 산타클로스가 중앙 쇼윈도를 장식했다(?)는 웃지도, 울지도 못할 도쿄 백화점 이야기, 도대체 무슨 이유로 크리스마스트리 꼭대기에 요정을 붙이고 난롯가에는 난데없이 양말을 걸어놓는지에 얽힌 사연들, 곰곰이 생각해보니 아름답다며 당연시했던 외국의 풍습—죽은 나무 앞에 기꺼이 모여 앉아 양말에서 사탕을 꺼내 먹는 것—도 돌연 생뚱맞고 불합리한 '괴상한 짓거리'로 보인다. 포사이스의 재담 덕이다.

그뿐만이 아니다. 예수 그리스도의 죽음과 부활은 기념해도 탄생일을 기념하는 전통은 원래 기독교에 없었다는 이야기, 따라서 예수가 탄생한 날은 이교도의 기념일과 붙은 경쟁에서 이길 요량으로 무리하게 12월로 정해졌다는 이야기, 그렇게 정해진 크리스마스가 서기 386년부터 시작해서 1,600년이 지난 지금까지도 정기적으로 참뜻을 잃은 축제로 욕을 먹고 있다는 사실. 제대로 된 크리스마스트리라면 속에 뱀 한 마리쯤은 있어야 한다는 건 또 뭔가. 크리스마스캐럴은 예배에서 불리기 전 교회가 아니라 술집에서 부르는 노래였다는 황당한 진실, 산타클로스는 원래 1,800살 먹은, 니콜라스라는 이름의 튀르키예 노인이며 아이들, 회개한 도둑, 선원, 바지선, 구두닦이, 약사, 연인, 심지어 살인자들의 성인이 될 만큼 유명하다는 이야기, 지금은 크리스마스의 천국이라고 불러도 손색이 없을 영국에서 한때 술을 먹고 진탕 노는 잔치를 벌인다는 이유로 청교도들이 수십 년 동안 아예 크리스마스 축제를 금지했다는 이야기, 미국은 아예 크리스마스란 없어야 한다는 원칙에 입각해서 세워진 나라라는 것, 그 후 미국에서 산타클로스의 인기가 급증했던 이유가 사실은 영국에 대한 반감과 미국에 대한 애국심 때문이라는 사실. 독립전쟁 당시 영국인의 다양한 축제에 반감을 가진 뉴욕 사람들이 본래 뉴욕이 뉴암스테르담이었다는 데 주목해서 네덜란드 유산을 기리는 의미로 1773년 성 니콜라스의 아들들이라는 모임을 꾸렸다는 이야기, 핀타드라는 사람이 산타클로스를 만들었다는 역사적 진실, 여기에 대한 조롱으로 워싱턴 어빙이란 인물이 산타가 마차를 타고 날아와 굴뚝을 타고 내려와서는 난롯가에 걸어둔 양말에 선물을 넣는다는 터무니없는 이야기를 지어낸 것이 인기를 끌어 오히려 핀타드의 크리스마스 풍습을 강화시켰다는 역설. 산타에게 북극이라는 영구적인 주소가 필요했던 건 본인이나 순록뿐 아니라 산타클로스에게 편지를 쓰기 시작한 아이들 때문이었다는 사정. 크리스마스에 얽힌 이야기가 화수분처럼 끝도 없이 쏟아져 나온다. 책의 원제처럼 그야말로 크리스마스 '코르누코피아cornucopia'다. 코르누코피아란, 고대 그리스에서 풍요를 상징하는 뿔 모양의 장식물을 말한다. 소유자가 뿔 안에 손을 넣어 필요한 음식과 재물을 원하는 만큼 무한히 꺼낼 수 있는 보물로, 풍요와 행운을 상징한다.

이야기는 계속된다. 축제는 뭐니 뭐니 해도 풍요로운 먹거리를 함께 나누는 일이 최고다. 번역하면서 가장 재미있었던 부분은 음식 이야기였다. 12월은 농사가 끝나고 크리스마스를 맞이해서 무지막지한 새 사냥이 시작되는 조류 대학살의 시기였다는 것, 18세기부터는 러시아 마트료시카 인형처럼 커다란 칠면조 안에 거위를 가득 채우고, 거위엔 닭을 가득 채우고, 닭엔 비둘기를, 비둘기에는 자고새를 가득 채워 넣는 음식을 크리스마스에 만들어 먹었다는 기상천외한 이야기. 크리스마스 시즌만큼은 귀족들이 영지로 돌아가 가난한 사람들에게 집을 개방하고, 이들을 위해 급조한 고기 가득한 환상적 음식을 대접해야 했다는 것. 이 시기만큼은 귀족과 동등하게 즐길 수

있었던 소작농들의 자유 덕에 귀족과 지역 주민 사이의 사회
적 결속이 유지되었다는, 부정하기 힘든 해석. 청교도들의 끈
질긴 탄압에도 불구하고 크리스마스의 즐거움만큼은 파괴되지
않고 살아남아 상점 문을 닫고 집에 머물며 고기를 쌓아놓고
풍족한 식사를 즐길 수 있었다는, 왠지 안심되는 후일담, 그러
나 산업혁명과 도시로 이주한 사람들 사이에서 크리스마스는
불구가 되어버릴 수밖에 없었다는 사연, 찰스 디킨스의 스크루
지 영감 이야기가 도시화라는 배경에서 태어났고 이후 크리스
마스는 근근이 명맥을 이어가게 되었다는 괜스레 안타까운 몰
락의 대단원에 얽힌 이야기, 이야기, 이야기들…

　숨 쉴 틈 없이 풀어놓는 작가의 이야기를 웃으며 기막혀하며
읽다 보면, 우연과 거짓과 긴장과 갈등으로 점철된 크리스마스
전통을 폭로하는 작가의 의도가 크리스마스라는 장난 같은 축
제를 믿는 사람들의 아둔함을 조롱하려는 것이 아니라, 세월과
사회 변화에 밀려 사라져가는 여유와 넉넉함이라는 축제의 본
모습, 동류 인간을 사랑하고 아이들을 배려하며, 바보 같은 짓
도 서슴없이 해대면서 서로에게 치유자 노릇을 하는 한 해 단

며칠간의 요란하되 넉넉한 평화에 대한 커다란 애정과 상실감을 표현하는 것임을 슬며시 눈치채게 된다. 크리스마스의 크리스, 즉 그리스도라는 말이 '기름 부음을 받은 자'라는 뜻보다 '치유자'라는 뜻으로, 고대 기독교도들이 쓰던 의미의 이름으로 불렸으면 더 낫지 않았을까 못내 아쉬워하는 부분에서는 낱말 하나에 배어든 함의조차 놓치지 않는 작가의 세심함과 따스함이 느껴진다.

"나는 크리스마스 풍습에 냉소를 보내지 않는다. 우리의 전통 중 많은 것은 실제로 좀 어리석고 바보 같긴 하다. 그중 일부는 그저 우연에 불과하며 일부는 장삿속으로 인한 계략이다. 하지만 정말 중요한 것은 해당 전통이 무엇이냐는 것이 아니다. 정작 중요한 것은 그런 전통이 존재한다는 사실이다. 크리스마스는 위대하면서도 거대한 진실이다. 크리스마스는 칠면조와 반짝이로 만들어진 진실일망정 영원한 진실이다. … 크리스마스는 지속된다. 우리는 크리스마스가 절실히 필요하기 때문이다. 크리스마스에 주고받는 온갖 포장지 저 아래에서 우리는 뭔가 중요한 일을 하고 있기 때문이다. 무엇을 중요한 일로 선택하든 상관없다. 크리스마스의 찬란한 외양 아래에는 뭔가 근원적인 것이 존재한다. 그런 것들은 말로 표현할 수 없다. 하지만 어쨌거나 우리는 그것을 할 수는 있다. 크리스마스는 우리가 그것을 하는 때다." 포사이스의 결론이다.

미국의 어느 래퍼는 "축제는 비 온 뒤 모기 수만큼 많다"라고 말했다. 사람들은 아무래도 축제 없이는 살아갈 수 없는 모양이다. 게으름의 의미를 긍정적으로 사유하는 저술가인 톰 호지킨슨은 "축제는 아이들과 부모에게는 즐거움이요, 핵가족의 스트레스를 날려주는 반가운 손님이다. 모여 있는 엄청난 사람들을 구경하는 것만으로도 인생은 좀 더 살 만한 것으로 보이기 때문이다"라는 문구로 축제의 긍정적 의미를 포착했다. 물론 크리스마스 축제의 소비 지상주의를 비꼬는 말도 있다. "크리스마스는 온갖 종교를 믿는 이들이 한데 모여 자신이 믿는 한 가지를 찬양하는 때다, 바로 소비라는 치유법." 크리스마스 가족 이데올로기를 놀리는 경구도 빠지지 않는다. "온 가족이 행복하고 조화로워 보이는 사진을 골라 보낸다. 누가 설거지를 하느냐를 두고 싸움 한번 한 적 없는 것처럼." 크리스마스를 비롯한 축제가 사람들에게 얼마나 다층적인 의미를 지닌 중요한 문제인지 이 문구들만 봐도 짐작이 간다. 하지만 내게 축제에 관한 경구로 가장 인상적이었던 건 미국의 사회운동가이자 전승 민요를 모아 포크송을 썼던 피트 시거의 말이다. "나는 알게 되었다. 축제란 사람들을 만나 해야 할 말을 할 수 있는, 비교적 덜 아픈 방법이라는 것을." 포사이스는 크리스마스를 맞아 독자들에게 글이라는 형식을 빌려 '덜 아픈 방식으로 해야 할 말을 하고' 있는 듯 보인다. 크리스마스에 얽힌 소소한 허구들과 거대한 진실, 그리고 상실이라는 아픔에 관해 해야 할 말을 건네는 작가의 이야기 보따리가 번역을 했던 내게는 근사한 크리스마스 선물이었다. 독자 여러분도 재미와 의미를 두루 갖춘 선물 같은 독서 경험을 누리시길 바란다.

메리 크리스마스!

오수원

용어사전

♥잉글랜드England

이 책에서 잉글랜드는 잉글랜드와 웨일스(웨일스 분들에게 죄송한 마음을 전한다)를 포함하는 뜻으로 썼다(England는 맥락에 따라 영국, 잉글랜드로 번역했으나 대부분 잉글랜드로 번역했다_옮긴이). 스코틀랜드는 포함되지 않는다. 스코틀랜드인들은 늘 크리스마스(그리고 다른 모든 것)에 대해 시무룩한 태도를 취해왔다. 심지어 1958년까지 스코틀랜드에서 크리스마스는 공휴일도 아니었다. 그렇긴 하지만 스코틀랜드 오크니Orkney 제도의 옛 방언에 '버먹bummock'이라는 낱말이 있다. 크리스마스 술을 가리키는 말이다. 그러니 스코틀랜드에서라고 크리스마스가 죄다 음울하고 음침한 날만은 아니었을 수도 있다.

♥청교도Puritans

언젠가 딜런 토머스Dylan Thomas(20세기 초 웨일스의 시인. 우리나라에서는 영화 「인터스텔라」 덕분에 「저 좋은 밤으로 순순히 들어가지 마세요Do Not Go Gentle into That Good Night」로 유명해졌다_옮긴이)는 알코올 중독자란 '나만

큼 술을 마시는데 내가 싫어하는 사람'이라고 정의한 적이 있다. 개
신교도들이 언제 청교도가 되었는지에 관한 질문에도 이와 비슷한
종류의 원칙이 적용되는 것 같다. 극단적인 청교도 신앙이 그저 표
준적인 개신교 정도의 신앙으로 간주되던 시절과 장소들이 있었고
지금도 있다. 청교도의 정의는 시간이 흘러가면서 변한다. 내가 이
책에서 쓴 청교도라는 용어는 '특정 시기와 날짜에 특별히 개신교도
인 사람들' 정도를 가리킨다.

♥ 만성절(성인의 날)Saints' days

교회력, 특히 로마력 및 유대인의 교회력에 따르면, 하루는 어느
날의 일몰 때부터 다음 날의 일몰 때까지로 친다. 가령 성 니콜라스
의 날인 12월 6일은 12월 5일 일몰 시점부터 12월 6일 일몰 때까
지다.

♥ 튀르키예/튀르키예인Turkey/Turkish

튀르키예인들이 오늘날의 튀르키예 지방에 당도한 것은 11세기나
되어서였다. 당시 튀르키예는 소아시아 지역의 리키아Lycia라는 명칭
으로 불렸다. 성 니콜라스는 리키아에 살았고 따라서 리키아인이었다.

♥ X마스 Xmas

X마스는 사실 아주 오래된 철자법이다. 그리스어에서 그리스도 Christ의 철자를 χριστός로 표기했고 줄여서 X라고 썼다. 중세 영어에서는 기독교도를 가리키는 말로 Xtians, 기독교를 가리키는 말로 Xtianity를 썼다. 이 책에서 X마스를 실제로 언급한 건 아니지만, 무릇 용어사전이란 아무리 사이즈가 작아도 X로 시작하는 단어가 있어야만 한다고 생각하기 때문에 넣는다.

크리스마스는 왜?

마크 포사이스 지음
오수원 옮김

초판 1쇄 발행일 2023년 12월 8일

발행인 | 한상준
편집 | 김민정 · 강탁준 · 손지원 · 최정휴
디자인 | 조경규 · 김경희
마케팅 | 이상민 · 주영상
관리 | 양은진

발행처 | 비아북(ViaBook Publisher)
출판등록 | 제313-2007-218호(2007년 11월 2일)
주소 | 서울시 마포구 월드컵북로 6길 97(연남동 567-40)
전화 | 02-334-6123 전자우편 | crm@viabook.kr
홈페이지 | viabook.kr

Korean translation copyright ⓒ 2023 by ViaBook Publisher
ISBN 979-11-92904-36-8 03300